LUSTIGE GESCHICHTEN

A graded reader for beginning students

Harry A. Walbruck
Astrid Henschel

D1523041

NATIONAL TEXTBOOK COMPANY • Lincolnwood, Illinois U.S.A.

A Note to Students

You have moved up to a level where reading a second language can be enjoyable as well as educational. The book you are going to read, whether it is in Spanish, French, German, or Italian, will not only provide you with hours of reading enjoyment, it will also give you the confidence that you are growing in the language you have chosen to study.

The tales in this series have been largely written with a humorous bent, and most of them may be read within a single class period. Grammar and vocabulary have been specially tailored to your level, so that you can understand and enjoy the readings with a normal amount of effort.

After you have finished these humorous stories, you will want to read all the books in the set for your language. There is a total of four sets. In Spanish, you will find *Diálogos simpáticos, Cuentitos simpáticos,* and *Cuentos simpáticos;* in French, *Dialogues sympathiques, Petits contes sympathiques,* and *Contes sympathiques;* in German, *Lustige Dialoge, Lustige Geschichten,* and *Spannende Geschichten;* and in Italian, *Dialoghi simpatici, Raccontini simpatici,* and *Racconti simpatici.*

The dialogues and stories in these books have all been recorded on cassette tapes, so that both your reading ability *and* your listening comprehension are developed through these sets.

Whatever language you are studying, the books and tapes in this series offer you a great deal to learn and enjoy.

1988 Printing

Introduction

Lustige Geschichten meets the criteria of a comprehensive graded reader for beginning students of German. The thirty stories included are written in a humorous vein and are replete with cultural references to modern Germany.

These lively *Geschichten* are accompanied by a variety of well-constructed exercises that test and develop comprehension and promote conversation.

It has been our experience that pupils lose interest in stories that cannot be completed within a single class period. Therefore, each of these stories is short enough—between 250 and 300 words —to enable the average student to complete the reading and achieve comprehension well within a forty-minute class period.

The vocabulary is of very high frequency, so that there is a high correlation between *Lustige Geschichten* and the popular basal textbooks. Each story has its own marginal vocabulary for instant recognition of new words, idioms, and difficult verb forms. To further aid the student in comprehension, the end vocabulary lists all the words used throughout the stories.

In addition, there is a wealth of varied, graded exercises for the pupil to develop the skills needed for reading comprehension and conversational ability. These exercises present a reasonable challenge to pupils at all levels of ability. The information necessary for arriving at most of the correct answers is presented within the stories, therefore the students are spared the drudgery of constantly having to consult their basic texts.

The exercises fall into two groups. The first group tests comprehension of the story on a passive level by means of multiple choice, true-false, matching, rearranging scrambled sentences and paragraphs; and on an active level, by means of questions on the text in German. To promote written and oral free expression, there is an exercise that consists of questions in German paralleling those based on the text, but requiring personal and individual answers. This group of exercises appears immediately after each story.

The second group of exercises, which appears at the end of the book in an appendix, consists of 1) vocabulary exercises—cognates, synonyms, antonyms, word families, and definitions—to expand vocabulary power of words used in the stories, 2) pattern drills for the mastery of idioms and structures, and 3) varied verb drills to develop knowledge and reinforcement of verb tenses and moods. Another class period can well be spent on these exercises to bring slow pupils up to level while maintaining high interest for pupils who are on or above level.

Lustige Geschichten can be used as a supplementary reader for all beginning German classes. The stories serve as a reading experience for the student and the exercises serve as a broadening and enforcing experience in using and learning vocabulary, structure, and verb forms. For the slower student or class, the humorous readings can serve as a springboard to the strengthening of vocabulary through the exercises, to the understanding of the structures and verb forms outside of their basic text. These students may well welcome these exercises as they are not associated with their classroom textbook. Above average students can use the book as a device to progress further in their acquired skills. For individualized instructional programs, the book is a valuable supplementary source to the student for further practice in structures and verbs and in strengthening vocabulary.

Cassette tapes of the readings in *Spannende Geschichten* are now available to serve a variety of learning objectives. The tapes may be used to introduce the stories before they are actually read or to review them once a lesson has been completed. These recorded readings also "sensitize" students to the sounds and rhythms of naturally spoken German. Of course, the cassettes offer invaluable listening-comprehension practice, which, combined with the reading, writing, and speaking exercises in the book, help make *Spannende Geschichten* a complete program for the development of all language skills.

Harry A. Walbruck
Astrid Henschel

Contents

1. Hamburger und Weisswurst

Tom ist aus Amerika, Inge aus München. Sie treffen sich im Gasthaus. Es heisst "Drei Könige" und liegt in der Altstadt° von München.

"Grüss Gott," sagt Inge und setzt sich zu Tom an den Tisch. "Heiss heute, nicht?"

"Ja," antwortet Tom. "Und wie! Hast du auch Hunger? Ich habe ein Problem mit der Speisekarte.° Was, zum Beispiel, ist ein 'Wiener Schnitzel'?"

"Das ist sehr gutes Kalbfleisch,° aber teuer. Bratwurst ist auch nicht schlecht, oder Weisswurst."°

"Da kommt der Kellner. Ich bestelle mir zuerst ein Bier. Was trinkst du?"

"Dasselbe."

Altstadt old part of a city

Speisekarte menu

Kalbfleisch veal

Weisswurst Bavarian calf sausage

1

"Herr Ober,° zwei davon."

Der Kellner fragt: "Was meinen Sie, mein Herr?"

"Zwei Mass° Bier," erklärt Inge. Der Kellner nickt° und verschwindet.

"Und was essen wir?" fragt Tom. "Ah, ich weiss. Herr Ober, zwei Hamburger, bitte!"

Der Kellner stellt zwei Mass Bier auf den Tisch.

"Hamburger?" fragt er. "Denkt der Herr, wir sind in Amerika?"

Inge lacht wieder. "Ein Hamburger ist hier nicht so leicht zu haben wie in Amerika. Warum bestellst du nicht Weisswurst? Sie ist gut und billig."°

"Zweimal Weisswurst," murmelt° Tom. Er hebt sein Mass Bier. "Prost!°"

Ober waiter

Mass stein
nicken to nod

billig inexpensive

Murmeln to mumble
Prost! Cheers!

I. Answer the following questions in complete German sentences.
1. Woher sind Tom und Inge?
2. Wo treffen sie sich?
3. Wie heisst das Gasthaus?
4. Wo liegt es?
5. Wohin setzt sich Inge?
6. Womit hat Tom ein Problem?
7. Was ist ein 'Wiener Schnitzel'?
8. Was bestellt Tom zuerst?
9. Was sagt der Kellner dazu?
10. Was für Wurst bestellt Tom?

II. Questions for written or oral expression:
1. Ist es heute heiss?
2. Was tut man im Gasthaus?
3. Ist Kalbfleisch billig?
4. Wie nennt man den Kellner?
5. Ist die Weisswurst gut?

III. Give the German equivalent of the words in parentheses.
1. Das Gasthaus liegt in der (old part of city).
2. Tom hat ein Problem mit (the menu).

3. Der Kellner (nods) und verschwindet.
4. Hamburger sind hier nicht (as easy to get) wie in Amerika.
5. Warum (don't you order) Weisswurst?

2. Der, Die, oder Das?

Franz und Otto fahren im Bus nach Hause.

"Deutsch ist nicht logisch,"° sagt Franz. "Man sagt   **logisch**   logical
DER Mann und DIE Frau, aber nicht DER Hahn°   **Hahn**   rooster
und DIE Huhn,° sondern DAS Huhn. Warum?"   **Huhn**   chicken

"Es gibt drei Artikel° – der, die, das, genauso wie   **Artikel**   article
drei Fürwörter° —er, sie, es," antwortet Otto.   **Fürwort**   pronoun

"Warum heisst es DER Affe,° DIE Maus, DAS   **Affe**   monkey
Pferd?° Alle sind Tiere. Warum haben sie nicht den-   **Pferd**   horse
selben Artikel? Oder hier, wir sitzen im Bus. Es ist
EIN Bus, nicht wahr? Aber da kommt EINE Strassen-
bahn.° Man sagt: da kommt SIE. Und da ist ein Auto.   **Strassenbahn**
Man sagt: Da ist ES. Warum nicht nur ein Fürwort   streetcar
für alle?"

Otto sagt nichts. Sie steigen aus. An der Ecke° ist
ein Möbelgeschäft.° Franz beginnt wieder: "Was siehst
du in dem Schaufenster° da?"
"EINEN Tisch, EIN Sofa und EINE Lampe."
"Ich auch. Aber warum sagst du nicht: eine Tisch?
Und wo ist die Logik in: DIE Nase, DER Mund,
DAS Auge? Oder DIE Blume,° aber DER Baum?°
Oder DAS Haus, aber DIE Schule, DER Turm,° DIE
Mauer . . ."°
"Hör' auf!"° sagt Otto. Auch Spanisch und Franzö-
sisch haben mehr als° einen Artikel."
"Ja, aber nicht Englisch! Darum ist Deutsch
schwerer."°
"Warum sprichst du also nicht Englisch?"
Franz hustet.
"Es ist nicht so leicht für mich—wie Deutsch."

Ecke	corner
Möbelgeschäft	furniture store
Schaufenster	window display
Blume	flower
Baum	tree
Turm	tower
Mauer	wall
hör' auf	stop it
mehr als	more than
schwerer	more difficult

I. Answer the following questions in complete German sentences.
1. Wohin fahren Franz und Otto?
2. Was sagt man für "the chicken"?
3. Welche drei Artikel gibt es?
4. Welche drei Fürwörter gibt es?
5. Wo sitzen Franz und Otto?
6. Was kommt da?
7. Was sehen sie in dem Schaufenster?
8. Was haben auch Spanisch und Französisch?
9. Wie viele Artikel hat Englisch?
10. Was ist nicht so leicht wie Deutsch für Franz?

II. Arrange the German words to form a sentence.
1. fahren/Franz und Otto/nach Hause/im Bus.
2. aber da/eine Strassenbahn/kommt.
3. in dem Schaufenster da/siehst du/was?
4. haben/auch Spanisch und Französisch/mehr als einen Artikel.
5. warum/nicht Englisch/du/sprichst?

III. Fill in the missing expressions from the story.
1. Deutsch ist nicht _____, sagt Franz.

2. Warum haben alle Tiere nicht _____ Artikel?
3. An der _____ ist ein Möbelgeschäft.
4. Was sieht Otto in dem _____ da?
5. Englisch ist nicht so _____ für Otto wie Deutsch.

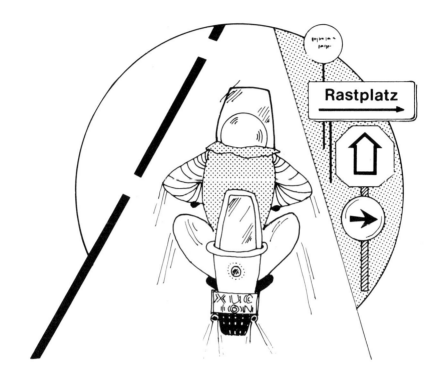

Rastplatz

3. Luigis Problem

Luigi sieht ein Telefon an der Autobahn.° Er stoppt sein Motorrad.°

"Hallo!" ruft er. "Ist das Gerhard?" Luigi ist Gastarbeiter° in der BRD.° Er will seinen Freund Gerhard in Köln besuchen. Gerhard antwortet ihm.

"Ich bin auf der Autobahn," sagt Luigi. Er spricht ziemlich° gut Deutsch, versteht aber noch nicht alle Wörter. "Ich habe eine Landkarte,"° erklärt er seinem Freund, "aber ich weiss nicht, wo ich bin. Ich verstehe die Schilder° auf der Autobahn nicht. Ja, ich habe deinen Brief. Ich sehe die Namen der Städte auf meiner Karte, aber ein Schild hier zeigt einen anderen Namen. Er steht nicht auf der Landkarte. Bin ich auf

Autobahn superhighway
Motorrad motorbike

Gastarbeiter guest worker
BRD Bundesrepublik Deutschland (Federal Republic of Germany)
ziemlich rather
Landkarte map

Schild sign

der falschen° Autobahn?—Ja, eine Frau an der Tankstelle° gab° mir ihre Karte. Sie sagte:° 'Das ist jetzt Ihre Karte.' Aber das Schild hier—"

Gerhard fragt: "Was steht auf dem Schild?"

"*Rastplatz,*"° antwortet Luigi. "Der Name ist nicht auf meiner Karte. Nur Essen, Bochum und Düsseldorf . . . Was sagst du? Rastplatz ist, wo man eine Pause macht? Dankeschön, Gerhard! Ja, ich komme sofort. Ich bin auf der richtigen° Autobahn! Ja, ich weiss jetzt den Weg nach Köln. Es ist nicht weit von *Ausfahrt,*° nicht wahr?"

falsch wrong
Tankstelle filling station
gab gave
sagte said

Rastplatz rest site

richtig right

Ausfahrt exit ramp

I. Answer the following questions in complete German sentences.
1. Was sieht Luigi an der Autobahn?
2. Was stoppt er?
3. Was ist Luigi?
4. Wen will er besuchen?
5. Was versteht Luigi noch nicht?
6. Was sieht er auf der Karte?
7. Wer gab Luigi ihre Karte?
8. Was ist ein Rastplatz?
9. Was weiss Luigi jetzt?
10. Wovon, denkt er, ist Köln nicht weit?

II. Questions for written or oral expression:
1. Was ist ein Arbeiter aus einem anderen Land?
2. Was heisst BRD?
3. Wie nennt man eine grosse Autostrasse in Deutschland?
4. Was macht man auf einem Rastplatz?
5. Wo fahren Autos aus der Autobahn heraus?

III. Fill in the missing expressions from the story.
1. Luigi stoppt sein _____.
2. Er spricht _____ Deutsch.
3. Er versteht die Schilder auf der _____ nicht.
4. Der Name "_____" ist nicht auf seiner Karte.
5. Er denkt, er ist jetzt auf der _____ Autobahn.

4. Ein schöner Urlaub°

Es war Sommer. Die Familie Schmidt hatte Urlaub.
"Wohin reisen wir?" fragte Mutter. "An die Nordsee,"° antwortete Vater. Sie packten alle vier ihre Sachen in das Auto, einen VW.

"Wash' den Wagen!" sagte Vater zu Willi, seinem Sohn. Er reichte° ihm einen Wasserschlauch.° "Dieses Fenster ist noch schmutzig," brummte Vater später. Luise, seine Tochter, suchte einen Schwamm.°

"Nein, reich mir den Schlauch!" Vater spritzte° das Fenster noch einmal. Willi war plötzlich nass.°

Mutter suchte das Zelt.° Endlich war alles da. Herr Schmidt startete ihren Wagen. Ihr Nachbar winkte zum Abschied.° "Gute Reise, und auf Wiedersehen!"

Urlaub vacation

Nordsee part of the Atlantic Ocean

reichen to hand over
Wasserschlauch hose
Schwamm sponge
spritzen to wash down
nass wet
Zelt tent

zum Abschied on (their) departure

9

Sie kreuzten° die Landstrasse nach Hamburg. "Hast **kreuzen** to cross
du unsere Landkarte?" fragte Herr Schmidt seinen
Sohn.

"Nein, ich gab sie meinem Freund. Er hatte keine
Karte," murmelte Willi.

"Aber es war unsere Karte! Sie gehörte nicht deinem Freund," sagte Vater.

Sie waren am Abend in einem Wald, nicht an der
Nordsee. Schmidts verbrachten° ihren Urlaub hier. **verbringen** to spend
Am Montag waren sie wieder zu Hause.

"Sagen Sie, Herr Schmidt," fragte der Nachbar,
"Hatten Sie eigentlich° Spass im Urlaub?" **eigentlich** really

"Spass?" antwortete Vater. "Es ist wahr, wir hatten
nicht eine Mücke.° Nur Familien von Mücken." **Mücke** mosquito

I. Answer the following questions in complete German sentences.
1. Was hatte die Familie Schmidt?
2. Was packten alle vier?
3. Was sagte Vater zu Willi, seinem Sohn?
4. Was suchte Luise, seine Tochter?
5. Was spritzte Vater noch einmal?
6. Was suchte Mutter?
7. Was startete Herr Schmidt?
8. Was fragte er seinen Sohn?
9. Wo verbrachten Schmidts ihren Urlaub?
10. Was hatten sie im Urlaub?

II. Questions for written or oral expression:
1. Was tun Leute im Urlaub?
2. Was tun Leute mit einem Wasserschlauch?
3. Was sagen Nachbarn zum Abschied?
4. Wo sind Leute nach dem Urlaub wieder?
5. Was macht keinen Spass im Urlaub?

III. Complete the sentences with words from the story.
1. Mutter fragte: "Wohin _____."
2. Vater sagte zu Willi: "Wash' _____."
3. Herr Schmidt startete _____.
4. Willi gab die Karte seinem _____.
5. Vater antwortete: "Wir hatten Familien _____."

10

5. Die guten alten Zeiten

Fräulein Auguste ging zum Kaffeeklatsch.° Sie war 68 Jahre alt. Ihre Freundin Isolde sass draussen° im Garten, und die Kaffeekanne stand auf dem Tisch. Die Vögel sangen. Isolde war 63, fünf Jahre jünger als Auguste. Sie sprachen beim Kaffee über die Vergangenheit.°

"Alles war schöner damals,"° begann Auguste. "Wir hatten vor allem mehr Ruhe; denn es gab früher° keine Autos, kein Radio und kein Fernsehen."

Herbert kam in diesem Augenblick. Er war Isoldes Neffe,° der älteste Sohn ihres Bruders. "Tante!" rief er. "Du hast im Radio gewonnen! Wusstest du das?"

Isolde hob ihre Tasse Kaffee und trank einen Schluck.° "Im Radio? Wir unterhielten uns gerade

Kaffeeklatsch gossip over a cup of coffee
draussen outdoors

Vergangenheit past times
damals then
früher in the old days

Neffe nephew

Schluck sip

11

über das Radio, nicht wahr, Auguste? Erinnerst du dich, Herbert, es war ruhiger als heute ohne Radio. Aber nein, du kannst das nicht wissen. Du bist nicht so alt wie wir."

"Aber Tante, du gewannst den Hauptpreis!"° schrie Herbert. Die Leute vom Radio fanden deinen Namen im Telefonbuch.° Du gewannst ein neues Auto!"

Isolde erhob sich. "Unsinn,"° antwortete sie. "Autos sind zu laut. Sie sind nicht so schön wie Kutschen. Pferdekutschen° waren am schönsten."

"Mach' schnell deinen Anruf° bei der Radiostation!" rief Herbert. "Bestätige° deine Telefonnummer. Oder du verlierst deinen Preis."

"Ich warf meinen Telefonapparat° in den Abfall,"° sagte Isolde. "Er war noch lauter als mein Radio. Ruhe ist am besten. Wie in den guten alten Zeiten."

Hauptpreis big prize

Telefonbuch telephone directory

Unsinn nonsense

Pferdekutsche horse-drawn carriage

Anruf call

bestätigen to confirm

Telefonapparat telephone

Abfall garbage

I. Answer the following questions in complete German sentences.
1. Wie alt war Fräulein Auguste?
2. Wieviel Jahre war Isolde jünger als sie?
3. Worüber sprachen sie beim Kaffee?
4. Wer war Herbert?
5. Was tat Isolde mit ihrer Tasse Kaffee?
6. Worüber unterhielt sie sich gerade mit Auguste?
7. Wo fanden die Leute vom Radio ihren Namen?
8. Was, sagt Isolde, sind Autos?
9. Wohin warf sie ihren Telefonapparat?
10. Was, sagt Isolde, ist am besten?

II. Questions for written or oral expression:
1. Was trinken Leute beim Kaffeeklatsch?
2. Was ist der Sohn des Bruders einer Person?
3. Wo findet man Namen von Leuten?
4. Was für Kutschen gab es früher?
5. Waren die alten Zeiten immer gut?

III. Complete each of the statements correctly.
1. Auguste ging ___.

a) im Radio
b) zum Kaffeeklatsch
c) 68 Jahre alt
d) wie Kutschen

2. Die Vögel ___.
a) stand auf dem Tisch
b) schrie
c) unterhielten uns
d) sangen

3. Du gewannst ___.
a) auf dem Tisch
b) wie Kutschen
c) ein neues Auto
d) in den Abfall

4. Mach' schnell ___.
a) ihres Bruders
b) deinen Anruf
c) nicht so schön
d) kein Radio

5. Es war ___.
a) ruhiger
b) den Hauptpreis
c) keine Autos
d) du verlierst

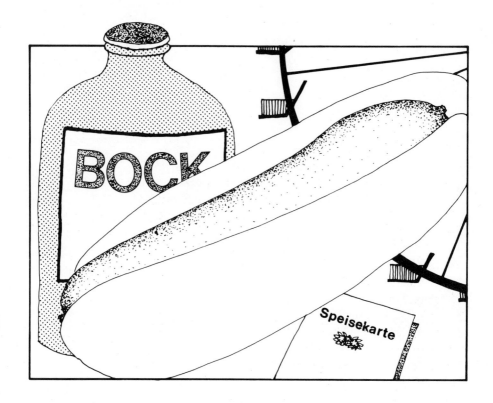

6. Bockbier° und Bratwurst

Bockbier bock beer

"Was ist los?" fragte Inge Tom, als sie sich wieder im Gasthaus "Drei Könige" trafen. "Ist es auf dem Oktoberfest° nicht schön gewesen?"

Oktoberfest October Festival

"Deutsch ist immer noch zu schwer für mich," sagte Tom. "Ich habe die meisten Leute dort nicht verstanden."

"Hast du viel Bier getrunken?"

"Ja, aber das ist auch ein Problem gewesen. Meine Freunde haben mich gefragt, ob ich gern Bock trinke. Aber ich habe im Wörterbuch° gefunden, dass es "ram" bedeutet, und ich habe zuerst nein gesagt."

Wörterbuch dictionary

"Hast du später mehr Spass gehabt?"

"Ja, wir sind auf das Riesenrad° gegangen. Aber ich bin schwindelig° geworden, als es sich gesenkt° hat."

"Was habt ihr dann gemacht?"

"Wir sind in ein Bierzelt° gegangen, weil wir alle Hunger hatten. Aber ich habe die meisten Namen auf der Speisekarte wieder nicht verstanden."

"Hast du nichts zu essen bekommen?"

"Ja, zum Schluss, als der Amerikaner gekommen ist. Er hat "Bratwurst" bestellt. Dieses amerikanische Wort ist meine Rettung° gewesen. Ich habe auch Bratwurst genommen."

Riesenrad ferris wheel
schwindelig dizzy
(sich) senken to go down

Bierzelt beer tent

Rettung salvation

I. Answer the following questions in complete German sentences.
1. Wo haben sich Tom und Inge wieder getroffen?
2. Wen hat Tom auf dem Oktoberfest nicht verstanden?
3. Was haben Toms Freunde ihn gefragt?
4. Was hat Tom zuerst gesagt?
5. Was ist Tom auf dem Riesenrad geworden?
6. Wohin ist er dann mit seinen Freunden gegangen?
7. Was hat er wieder nicht verstanden?
8. Wann hat er etwas zu essen bekommen?
9. Welches Wort ist seine Rettung gewesen?
10. Was hat er auch genommen?

II. Questions for written or oral expression:
1. Welches Fest gibt es im Oktober in München?
2. Was bedeutet Bock?
3. Was bedeutet es auch?
4. Wo gehen die Leute auf dem Oktoberfest essen?
5. Was heisst "Bratwurst" auf Englisch?

III. Complete the sentences with the proper word in parentheses.
1. Sie haben sich im Gasthaus (verstanden, getroffen, gegangen, bestellt, gewesen).
2. Er hat später mehr Spass (geworden, gesagt, getrunken, gehabt, genommen).

3. Tom hat die meisten Leute nicht (gesagt, gewesen, verstanden, gemacht, gesenkt).
4. Er ist auf das Riesenrad (getroffen, verstanden, gesagt, gegangen, bekommen).
5. Das Wort "Bratwurst" ist seine Rettung (bekommen, genommen, gewesen, gefunden, gesungen).

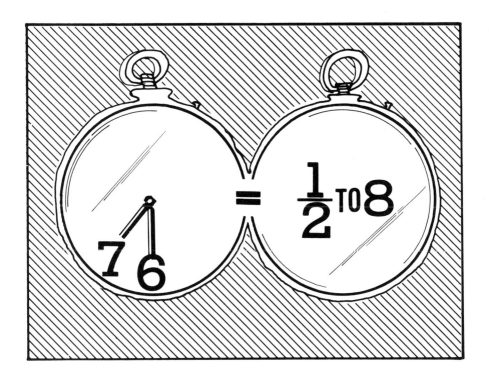

7. Ein kleiner Irrtum°

Irrtum   error

Oskar hatte tief° geschlafen, als der Wecker° ihn aufweckte. "Wie spät ist es?" fragte er seinen Bruder.

tief   deeply
Wecker   alarm
clock

Aber Fritz war schon wieder eingeschlafen."° "Steh'
auf," rief Oskar, als er auf den Wecker geschaut°
hatte. "Es ist schon halb acht."

einschlafen   to fall
asleep
schauen   to look

"Nein, die Uhr geht vor,"° gähnte° Fritz. "Ich habe
sie gestern abend 20 Minuten vorgestellt.° Es ist erst
zehn nach sieben."

vorgehen   to be
fast
gähnen   yawn
vorstellen   to set
ahead

Es war nicht das erste Mal, dass Fritz es getan
hatte. Oskar drehte langsam den Zeiger° des Weckers
zurück. Sie standen beide auf, als es Viertel nach
sieben war.

Zeiger   hand (of a
clock)

17

"Wann kommt Tom uns heute morgen abholen?"° **abholen** to pick up
fragte Oskar beim Frühstück.

"Um halb acht," sagte Fritz und sah nervös auf
seine Armbanduhr.° "Es ist schon fünf nach halb acht. **Armbanduhr** wrist-
watch
Wir sind schon zweimal zu spät zur Schule gekom-
men. Du weisst, es gibt Arrest° das dritte Mal." **Arrest** detention

"Habt ihr Tom gestern bei Schmidts getroffen?"
fragte Mutter. Tom war aus Amerika zu Schmidts
gekommen, weil sie ihn eingeladen hatten.

"Nein, wir sind zusammen ins Kino gegangen,
wie wir uns verabredet° hatten. Tom kommt uns mit **(sich) verabreden**
to agree to meet
Schmidts Auto abholen."

Es war fünf vor acht, als Tom kam.

"Wir haben noch viel Zeit," sagte er fröhlich.° **fröhlich** happy,
happily
"Noch fünfunddreissig Minuten bis halb nach acht."

"Das ist amerikanische Zeit!" rief Oskar auf-
geregt.° "Wir hatten gesagt halb acht, und das ist **aufgeregt** excited,
excitedly
dasselbe wie halb nach sieben in Amerika . . ."

I. Answer the following questions in complete German sentences.
1. Was fragte Oskar seinen Bruder?
2. Warum antwortete Fritz nicht?
3. Was hat Fritz mit der Uhr getan?
4. Hat er das auch früher getan?
5. Wie spät war es schon beim Frühstück?
6. Wie oft sind die Brüder schon zu spät zur Schule gekommen?
7. Wohin waren sie gestern mit Tom gegangen?
8. Wie spät war es, als Tom kam?
9. Was dachte Tom, wie spät es war?
10. Was ist "halb acht" in Amerika?

II. Arrange the German words to form a sentence.
1. geschlafen/der Wecker/hatte/als/tief/ihn/aufweckte/Oskar.
2. Fritz/eingeschlafen/schon wieder/aber/war.
3. den Zeiger/Oskar/zurück/des Weckers/drehte/langsam.
4. Tom/gekommen/aus Amerika/war/zu Schmidts.
5. vor acht/es/Tom/kam/war/fünf/als.

III. Fill in the missing expressions from the story.

1. Er hatte geschlafen, als der _____ ihn aufweckte.
2. Ich habe den Wecker 20 Minuten _____.
3. Sie standen auf, als es _____ nach sieben war.
4. Sie waren zusammen ins _____ gegangen.
5. Tom kommt sie mit _____ abholen.

8. Blick in die Zukunft

Amalie hatte zum ersten Mal in der Zeitung gelesen, dass die Sterne nicht lügen. "Ich brauche ein Horoskop° für mich," sagte sie zu ihrem Mann.

Horoskop horoscope

"Manche Leute glauben nicht an die Sterne," antwortete er. "Welchen Astrologen wirst du besuchen? Jeder zweite von ihnen schwindelt."°

schwindeln to lie

"Dieser ist sehr gut," sagte Amalie und hob einen Zettel° gegen seine Brille, weil er kurzsichtig° war. "Das ist seine Adresse. Er wird mir alles über meine Zukunft sagen."

Zettel piece of paper
kurzsichtig shortsighted

Sie ging ohne ihn; denn ihr Mann glaubte nicht an solche Dinge. Sie ging zu Fuss durch die Altstadt, um das Rathaus herum. Dort fand sie das Haus des Astrologen.

Er betrachtete sie lange durch seine Hornbrille.° **Hornbrille** horn-rimmed glasses
"Wann sind sie geboren?" fragte er dann.
"Im Jahre 1951," antwortete Amalie schüchtern.° **schüchtern** shy, shyly
"Ich meine das Datum. In welchem Monat und an
welchem Tage?"
"Oh," flüsterte° sie. "Am siebten Juni. Ich bin ein **flüstern** to whisper
Zwilling."° **Zwilling** Gemini
Der Astrologe hustete.° "Stimmt. Aber nicht jeder **husten** to cough
Zwilling hat das gleiche Schicksal.° Gefallen Ihnen **Schicksal** destiny
jene° Bilder?" Er zeigte auf die Wand. **jene** those
"Welche Bilder? Ich sehe keine," sagte Amalie.
"Stimmt, da sind keine Bilder. Sie haben Talent
und Intelligenz. Sie werden in der Zukunft noch mehr
Glück° haben. Zwanzig Mark bitte." **Glück** good fortune
Amalie kam glücklich nach Hause. "Du wirst es
nicht glauben," sagte sie zu ihrem Mann. "Dieser As-
trologe ist ein Genie;° er weiss alles." **Genie** genius

I. Answer the following questions in complete German sentences.
 1. Was hatte Amalie irgendwo gelesen?
 2. Was fragte sie ihr Mann?
 3. Was hob Amalie gegen seine Brille?
 4. Woran glaubte ihr Mann nicht?
 5. Weshalb ging Amalie ohne ihn zum Astrologen?
 6. Wodurch betrachtete der Astrologe sie lange?
 7. Wann ist Amalie geboren?
 8. Was hat nicht jeder Zwilling?
 9. Was wird Amalie in der Zukunft haben?
 10. Wie kam sie nach Hause?

II. Questions for written or oral expression:
 1. Glauben Sie selbst an die Sterne?
 2. Worüber sprechen Astrologen?
 3. An welchem Datum sind Sie selbst geboren?
 4. Werden Sie auch einmal zum Astrologen gehen?
 5. Wusste der Astrologe viel?

III. Complete each of the statements correctly.
 1. Amalie brauchte ———.

a) das Rathaus
b) die Sterne
c) ein Horoskop
d) jene Bilder

2. Sie besuchte _____.
   a) das Horoskop
   b) seine Brille
   c) die Sterne
   d) den Astrologen

3. Amalie sah _____.
   a) keine Bilder
   b) den Zwilling
   c) das gleiche Schicksal
   d) alles

4. Der Astrologe zeigte auf _____.
   a) das Rathaus
   b) die Wand
   c) die Sterne
   d) manche Leute

5. Er betrachtete sie durch _____.
   a) ein Horoskop
   b) keine Bilder
   c) seine Hornbrille
   d) das Datum

9. Wie man kein Millionär wird

Horst ging zur Sparkasse.° "Ich möchte Sie gern um eine Auskunft° bitten," sagte er zu dem Fräulein an der Kasse. "Wieviel Zinsen° kann man bei Ihnen auf einem regulären Sparkonto° erhalten?"

"Fünfeinhalb Prozent."°

"Mein Freund sagte, es sind sechs Prozent bei der Bank."

"Ja, aber Sie können dasselbe hier bekommen, wenn Sie einjährige Kündigung° nehmen. Sie erhalten sogar sechseinhalb Prozent bei zweijähriger Kündigung. Oder wollen Sie vier Jahre warten? Dann gibt es siebendreiviertel Prozent."

Sparkasse savings bank
Auskunft information
Zinsen interest
Sparkonto savings account
Prozent percent

Kündigung notice of withdrawal

23

"Ich wollte etwas sparen, aber ich muss manchmal etwas Kapital° abheben. Mein Freund durfte es auch tun, bei der Bank."

"Aber er musste bestimmt eine Strafe° zahlen. Sie dürfen jedes Vierteljahr° alle ihre Zinsen abheben, ohne Strafe. Möchten Sie das tun?"

Horst überlegte.° "Ich habe all mein Geld bei mir." Aber ich muss ein Drittel behalten, für Ausgaben.° Das hier ist, was ich einzahlen kann."

Er gab dem Fräulein acht Mark fünfzig. "Ich möchte ein Konto mit siebendreiviertel Prozent Zinsen nehmen," sagte er feierlich.°

"Sie brauchen° zehntausend Mark für solch ein Konto," sagte das Fräulein. "Möchten Sie zuerst nach Hause gehen und den Rest holen?"

Kapital principal

Strafe penalty
Vierteljahr quarter

überlegen to ponder
Ausgabe expense

feierlich solemn, solemnly
brauchen to need

I. Answer the following questions in complete German sentences.
1. Was sagte Horst zu dem Fräulein an der Kasse?
2. Wann kann Horst dasselbe hier bekommen?
3. Wieviel Prozent bekommt er nach vier Jahren?
4. Was muss Horst manchmal tun?
5. Was darf er jedes Vierteljahr abheben?
6. Was muss Horst für Ausgaben behalten?
7. Was für ein Konto möchte Horst nehmen?
8. Wieviel Geld braucht er für solch ein Konto?
9. Was fragt ihn das Fräulein?
10. Glauben Sie, dass Horst so viel Geld hat?

II. Complete the sentences with words from the story.
1. Horst möchte das Fräulein um _____ bitten.
2. Man kann _____ Prozent auf einem regulären Sparkonto erhalten.
3. Man erhält sechs Prozent, wenn man _____ nimmt.
4. Horst darf _____ alle seine Zinsen abheben.
5. Er möchte ein Konto mit _____ Zinsen nehmen.

III. Arrange the German words to form a sentence.
1. Sparkasse/ging/zur/Horst.
2. bei der Bank/sechs Prozent/es sind.

24

3. Horst/manchmal/Kapital abheben/muss.
4. er/acht Mark fünfzig/gab/dem Fräulein.
5. für solch ein Konto/zehntausend Mark/er braucht.

10. Erdkunde°-Unterricht

Erdkunde geog-
raphy

"Wer kann die Zukunft erraten?"° sagte Dr. Müller. Er stand vor seinem Pult° und zeigte auf die Weltkarte° an der Wand.

"Werden noch mehr Kontinente ins Meer versinken? Werden neue Landmassen° aus dem Ozean steigen? Es ist oft geschehen."

Er nahm seinen Zeigestock° und zeigte auf den Atlantischen Ozean. "Manche Landverbindung° besteht nicht mehr, zum Beispiel die zwischen Südamerika und Afrika. Die Ozeane zerstören auch immer mehr Küsten . . ."

"Gibt es mehr Wasser auf unserer Erde als Land?" fragte Luise Schmidt.

erraten to find out by guessing
Pult lectern
Weltkarte world map
Landmasse mass of land
Zeigestock pointer
Landverbindung connection by land

26

Dr. Müller legte den Zeigestock aufs Pult neben sich. "Ja, Wasser bedeckt mehr als zwei Drittel der Erde, fast siebzig Prozent."

Er betrachtete die Weltkarte hinter sich. "Wir haben noch nicht alle Schätze° auf dem Boden der Meere erkannt. Die Ozeane enthalten mehr als unsere Wissenschaftler° entdeckt haben."

Er besann° sich. "Auch die Raumforschung° wird viele Fragen beantworten. Wir wissen noch weniger über die Welt über uns als die Welt unter uns."

Da meldete sich Fritz. "Dreht sich die Erde wirklich um die Sonne?"

"Ja, aber die Erdachse° verändert nie ihre Richtung;° denn sie verläuft° zwischen den zwei Polen."

"Das verstehe ich nicht," sagte Fritz erstaunt. "Ich dachte, es gibt nur *ein* Polen." Fritz war nie einer der besten Schüler in Erdkunde gewesen.

Schatz treasure

Wissenschaftler scientist

(sich) besinnen to reflect

Raumforschung space research

Erdachse axis of the earth

Richtung direction

verlaufen to run

I. Answer the following questions in complete German sentences.
1. Wo stand Dr. Müller?
2. Worauf zeigte er?
3. Was ist oft geschehen?
4. Worauf zeigte Dr. Müller?
5. Welche Landverbindung besteht nicht mehr?
6. Welchen Teil der Erde bedeckt Wasser?
7. Was enthalten die Ozeane?
8. Was wird die Raumforschung beantworten?
9. Wie verläuft die Erdachse?
10. Was war Fritz nie gewesen?

II. Choose the phrase which best completes the sentence.
1. Noch mehr Kontinente werden ins Meer _____.
   a) zerstören
   b) bedecken
   c) versinken
   d) zeigen
2. Manche Landverbindung besteht _____.
   a) hinter sich

27

b) nicht mehr
c) oft
d) weniger
3. Die Raumforschung wird viele Fragen _____.
   a) beantworten
   b) wissen
   c) bedecken
   d) fragen
4. Die Erdachse verändert nie _____.
   a) die Welt
   b) den Zeigestock
   c) ihre Richtung
   d) siebzig Prozent
5. Die Erde dreht sich _____.
   a) über die Welt
   b) hinter sich
   c) um die Sonne
   d) zwischen Südamerika und Afrika

III. Complete the sentences in column A with the proper segment of column B.

A	B
1. Dr. Müller stand	a. um die Sonne.
2. Er zeigte	b. vor seinem Pult.
3. Wasser bedeckt mehr als	c. ihre Richtung.
4. Die Erde dreht sich wirklich	d. zwei Drittel der Erde.
5. Aber die Erdachse verändert nie	e. auf den Atlantischen Ozean.

11. Wasser ist zum Waschen da

Tom lernte Marianne kennen, als er draussen° im Strassencafé° sass. Sie kam an seinem Tisch vorbei und fragte: "Was möchten Sie haben?"

    "Zuerst etwas Wasser," sagte Tom. Es war heiss.

    "Wasser?" fragte sie erstaunt. "Sie können hereinkommen. Wir haben einen Waschraum° im Café. Ich komme gleich zurück," fügte sie hinzu.

    "Ein *Glas* Wasser, bitte," sagte Tom, als sie zurückgekehrt war. "Ich brauche es nicht zum Waschen, sondern um mich zu erfrischen."

    "Um Himmelswillen,"° antwortete sie. "Ich habe Sie falsch verstanden. Sie sind Amerikaner, nicht

draussen outdoors

Strassencafé sidewalk café

Waschraum washroom

Um Himmelswillen for Heaven's sake

wahr?" Sie fuhr schnell fort: "Wir haben nur andere
Getränke° hier. Unsere Limonade ist gut."
Sie legte eine Getränkekarte vor ihn hin und ging
wieder in das Café hinein.
"Also Limonade," sagte Tom, als sie zum dritten
Mal hinausgekommen war. "Wegen der Hitze."°
Marianne kam mit einer Flasche und einem Glas
wieder heraus. "Ja, das ist erfrischend." Sie goss
die Limonade in sein Glas ein.°
"Wann sind Sie in Deutschland angekommen?"
fragte sie während des Giessens.
"Vor drei Wochen, aber ich muss noch viel lernen.
Vor allem, dass Wasser nicht zum Trinken da ist."

Getränk beverage

Hitze heat

eingiessen to pour in

I. Answer the following questions in complete German sentences.
1. Was geschah, als Tom im Strassencafé sass?
2. Was, sagte Marianne, konnte Tom tun?
3. Wann bat Tom sie um ein Glas Wasser?
4. Wozu brauchte er das Wasser?
5. Was legte Marianne vor ihn hin?
6. Wo ging sie wieder hinein?
7. Womit kam sie wieder heraus?
8. Was goss sie in sein Glas ein?
9. Wann ist Tom in Deutschland angekommen?
10. Was musste er vor allem noch lernen?

II. Questions for written or oral expression:
1. Wie heisst ein Café mit Tischen auf der Strasse?
2. Wo kann man sich in einem Café waschen?
3. Auf welcher Karte findet man Getränke?
4. Welches Getränk ist gut zur Erfrischung?
5. Wozu benutzt man Wasser in Deutschland?

III. Arrange the German words to form a sentence.
1. an seinem Tisch/Marianne/vorbei/kam.
2. Tom/zur Erfrischung/möchte/etwas Wasser/haben.
3. sie/vor ihn/eine Getränkekarte/hin/legte.
4. wieder/mit einer Flasche/heraus/Marianne/und einem Glas/kam.
5. Tom/dass/muss noch/ist/Wasser/lernen/nicht zum Trinken.

12. Barbaras Überraschung°

Überraschung
surprise

Barbara sah das rote Seidenkleid° zuerst. "Hunderteinundsechzig Mark!" rief sie aus, als sie mit Erika vor dem kleinen Modegeschäft° stand. Dieser hohe Preis war gegen ihre Sparsamkeit,° ihre beste Eigenschaft.°

Es war ein Pariser Modell, sagte das kleine Schild. Barbara hatte die neuesten Kataloge vieler Geschäfte und wusste, dass es auch für dieses schöne Kleid ein Schnittmuster° gab. "Ich nähe es mir selbst," erklärte sie ihrer Freundin."

Erika lachte. "Ja, du hast mehr Erfahrung° im Nähen als ich. Das Kleid wird dir viel Bewunderung° bringen. Ich selbst kann nicht einmal diese alte Bluse

Seidenkleid silk dress

Modegeschäft fashion store
Sparsamkeit thriftiness
Eigenschaft quality

Schnittmuster pattern

Erfahrung experience
Bewunderung admiration

31

reparieren . . ." Sie zeigte Barbara den kleinen Riss° **Riss** tear
an ihrem Ärmel.° **Ärmel** sleeve

Barbara kaufte sofort alles für das neue Kleid: das
Schnittmuster, den roten Seidenstoff, das beste Futter° **Futter** lining
und Garn.° Sie arbeitete zehn Tage, bis es fertig war. **Garn** thread

"Machst du etwas Neues für dich?" fragte ihr
Mann. "Warte, bis wir die grosse Gesellschaft° ha- **Gesellschaft** party
ben," sagte sie nur.

Sie war voller Spannung,° als der Abend herankam. **Spannung** tension
Das neue Kleid hatte hundertzehn Mark gekostet,
aber es verschaffte° ihr Befriedigung,° weil das an- **verschaffen** provide with
dere Kleid im Geschäft noch teurer war. **Befriedigung** satisfaction

Erika war der erste Gast. Sie trug das rote Seidenkleid aus dem kleinen Geschäft.

"Welche Überraschung!" sagte sie zu Barbara. " Du
hast das Kleid an wie ich. Der neue Preis war
nur siebzig Mark. Ich habe es im Ausverkauf° be- **(im) Ausverkauf** (on) sale
kommen."

I. Answer the following questions in complete German sentences.
1. Was sah Barbara zuerst?
2. Wovor stand sie mit Erika?
3. Was für ein Modell war das Kleid?
4. Was gab es auch für dieses schöne Kleid?
5. Worin hat Barbara mehr Erfahrung als Erika?
6. Was zeigte Erika ihr?
7. Was fragte ihr Mann?
8. Was verschaffte ihr das neue Kleid?
9. Was trug Erika?
10. Was war der neue Preis für ihr Kleid?

II. Complete each of the statements correctly.
1. Der Preis war gegen ＿＿＿＿.
   a) ein Schnittmuster
   b) ihre Sparsamkeit
   c) diese alte Bluse
2. Sie hatte die Kataloge vieler ＿＿＿＿.
   a) Geschäfte

b) Tage

c) Bewunderung

3. Erika konnte nicht einmal ihre alte Bluse _____.

   a) kaufen

   b) arbeiten

   c) reparieren

4. Barbara war voller _____.

   a) Bewunderung

   b) Spannung

   c) Überraschung

5. Erika trug das rote Seidenkleid _____.

   a) im Ausverkauf

   b) aus dem Geschäft

   c) an ihrem Ärmel

III. Give the German equivalent of the words in parentheses.

1. Sparsamkeit war ihre beste (quality).

2. Du hast mehr (experience) im Nähen als ich.

3. Sie kaufte sofort das (pattern) für ihr Kleid.

4. Barbara war voller (tension).

5. Erika hatte das Kleid (on sale) bekommen.

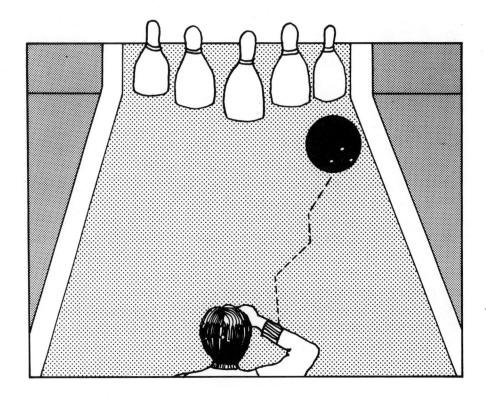

13. Undank ist der Welt Lohn

"Ich frage mich heute, ob es wirklich solch eine gute Idee war, dass ich meinem Sohn sein ganzes Medizin-studium° bezahlt habe," sagte Herr Krüger. Er ging mit seinem Freund Otto zum Kegeln.°

"Warum?" erwiderte Otto. "Erinnerst du dich nicht, wie stolz° du auf ihn warst? Franz ist ein be-kannter Arzt geworden. Er hat eine gute Praxis.°"

"Ja, er hat auch mich gründlich° untersucht° heute morgen." Krüger sagte nicht mehr, weil sie vorm Res-taurant "Zum blauen Ochsen" angekommen waren, wo ihr Kegeln stattfand.°

Medizinstudium
study of medicine
Kegeln bowling

stolz proud
Praxis practice

gründlich
thorough
untersuchen to
examine

stattfinden to take
place

Sie setzten sich an einen freien Tisch, und Otto bestellte sich ein kühles Glas Bier. Krüger trank nichts. Sie gingen auf die Kegelbahn.° Otto wunderte sich, warum sein Freund so nervös spielte. Beim ersten Wurf° traf er nur einen Kegel, obwohl er immer ein guter Spieler gewesen war.

Vier Kegel standen immer noch auf dem Feld nach seinem letzten Wurf. Otto selbst traf alle neun beim ersten Mal. Er sah Krüger mitleidig° an.

"Was ist heute los mit dir?" erkundigte er sich schliesslich. "Fühlst du dich nicht wohl? Hat dein Sohn etwas Schlimmes° an dir entdeckt?"

Krüger starrte resigniert° auf die Kegelbahn.

"Es war kein weiser Entschluss,° ihn um solch eine gründliche Untersuchung° zu bitten. Nein, ich habe nichts Schlimmes, auch keinen zu hohen Blutdruck.° Aber er hat mir jegliches Rauchen und Trinken verboten. Mein eigener Sohn!"

Kegelbahn bowling alley

Wurf throw

mitleidig compassionate, compassionately

schlimm bad

resigniert resigned

Entschluss decision
Untersuchung examination
Blutdruck blood pressure

I. Answer the following questions in complete German sentences.
1. Was fragte sich Herr Krüger?
2. Wohin ging er mit seinem Freund Otto?
3. Weshalb hat Franz eine gute Praxis?
4. Was tat Franz auch mit seinem Vater?
5. Wohin setzten sich die beiden Männer?
6. Was bestellte sich Otto?
7. Was war Herr Krüger immer gewesen?
8. Wieviel Kegel traf Otto beim ersten Mal?
9. Was, dachte Krüger, war kein weiser Entschluss?
10. Was hatte ihm sein Sohn verboten?

II. Complete the sentences with words from the story.
1. Herr Krüger hatte seinem Sohn sein _____ bezahlt.
2. Franz war ein _____ geworden.
3. Herr Krüger traf nur einen Kegel beim _____ Wurf.
4. Otto fragte, ob Franz _____ an Herrn Krüger entdeckt hatte.
5. Franz hatte seinem Vater _____ verboten.

III. Arrange the German words to form a sentence.

1. Herr Krüger/seinem Sohn/bezahlt/sein Medizinstudium/hatte.
2. sich/an einen freien Tisch/setzten/sie.
3. hat/gründlich untersucht/er/auch mich.
4. alle neun/Otto/selbst/beim ersten Mal/traf.
5. resigniert/Krüger/auf die Kegelbahn/starrte.

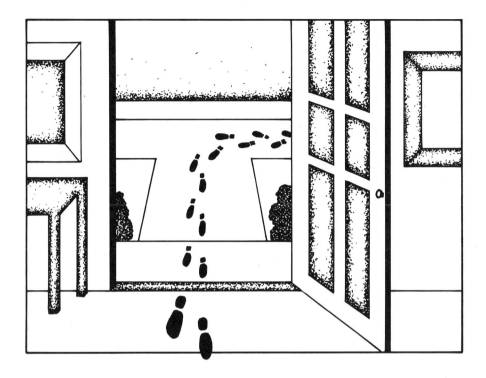

14. Ein neues Problem

Es ist Samstag. "Komm' ins Haus!" ruft Mutti durchs Fenster. Der kleine Felix spielt draussen, während Vati den Zementmixer° aufstellt.°

Aber Felix findet es interessanter, Vati zu beobachten. Er wird den Bürgersteig° zementieren.°

Schulzes sind nicht reiche° Leute, darum macht Vati es selbst.

Vati wirft einige volle Schaufeln° Zement in den Mixer. Der Zementhaufen° ist hoch, aber der Sandhaufen ist noch höher. Er wirft mehr Sand als Zement in den Mixer. Und kleine Steine.

"Gib mir den Schlauch!" ruft er Felix zu. Dann spritzt er Wasser in den Mixer. "Jetzt zementieren wir," sagt Vati.

Zementmixer concrete mixer
aufstellen to set up
Bürgersteig sidewalk
zementieren to cement
reich rich
Schaufel shovel
Zementhaufen pile of cement

Als die Arbeit getan ist, geht Vati zu Mutti ins Haus zurück. "Neue Bürgersteige," sagt er stolz, "Sind sie nicht etwas Schönes?"

"Nicht, wenn sie tiefe Fusstapfen° haben," antwortet sie. "Dein Sohn hat sie gemacht."

Vati ruft Felix ins Haus herein "Du Lümmel,"° sagt er. Dann geht er hinaus und füllt° die Fusstapfen wieder mit Zement.

Als er ins Haus zurückkommt, hört er Mutti schreien: "Um Gotteswillen . . ."°

Sie zeigt auf den Teppich° im Wohnzimmer. "Da, nasser Zement, überall° nasser Zement!"

Vati stöhnt.° Er hat ein neues Problem.

Fusstapfen footprint

Lümmel rascal

füllen to fill

um Gotteswillen for Heaven's sake

Teppich carpet

überall all over

stöhnen to moan

I. Answer the following questions in complete German sentences.
1. Was tut der kleine Felix?
2. Was wird Vati tun?
3. Was sind Schulzes nicht?
4. Was wirft Vati in den Mixer?
5. Was ist der Sandhaufen?
6. Was sagt Vati stolz zu Mutti?
7. Was antwortet Mutti?
8. Was füllt Vati wieder mit Zement?
9. Worauf zeigt Mutti im Wohnzimmer?
10. Was liegt überall auf dem Teppich?

II. Arrange the German words to form a sentence.
1. interessanter/Felix/findet es/zu beobachten/Vati.
2. Zement/in den Mixer/Vati/einige volle Schaufeln/wirft.
3. dann/er/in den Mixer/spritzt/Wasser.
4. hinaus/dann/er/geht/und/die Fusstapfen/wieder/mit Zement/füllt.
5. auf den Teppich/sie/im Wohnzimmer/zeigt.

III. Complete the sentence in column A with the proper segment of column B.

	A		B
1.	Vati stellt	a.	ins Haus zurück.
2.	Er wirft einige Schaufeln Zement	b.	den Teppich im Wohnzimmer.
		c.	in den Mixer.
3.	Vati geht zu Mutti	d.	den Zementmixer auf.
4.	Er füllt die Fusstapfen	e.	wieder mit Zement.
5.	Sie zeigt auf		

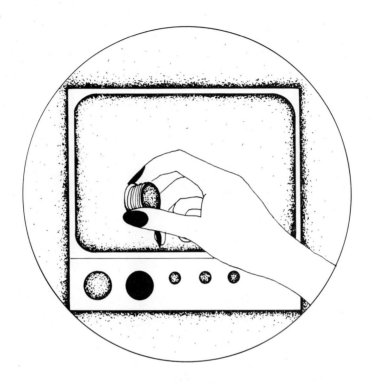

15. Beim Psychiater°

"Weshalb° werde ich so bestraft?" fragte Ullrich Meyer den Psychiater, als er auf der Couch lag. "Von niemandem wurde mir Liebe geschenkt. Man ignoriert° mich. Ich wurde in die kalte Welt geschickt,° ohne jemanden zu finden, der mich versteht."

"Aber Sie sind doch verheiratet," sagte der Psychiater.

"Leider,"° antwortete Ullrich und fing an zu schluchzen.°

"Haben Sie keine Hobbies? Wird Ihnen das Leben durch kein Vergnügen° angenehmer gemacht? Gehen Sie niemals ins Kino?"°

"Nein. Lieber schlafe ich, anstatt meine Zeit so zu verschwenden."°

Psychiater
psychiatrist

weshalb why

ignorieren to ignore
schicken to send

leider unfortunately
schluchzen to sob

Vergnügen pleasure
Kino movie theater

verschwenden to waste

"Bitte sprechen Sie, ohne zu weinen! Haben Sie auch kein Interesse° an Sport?"

"Das ist es ja!" sagte Ullrich, sich die Augen trocknend.° "Nur durch Fussball wird mir etwas Trost° im Leben gegeben. Ich brauche Fussball, um zu existieren. Gestern abend—"

"Was geschah gestern abend?" fragte der Psychiater mit sanfter° Stimme.

"Ich sass vor unserem Fernsehapparat.° Das grosse Spiel zwischen Deutschland und Italien wurde angekündigt. Aber meine Frau entfernte° den Knopf° vom Apparat, und ich konnte es nicht sehen. "Er wird nicht eher wieder befestigt,° bis die Fussballsaison° vorbei ist," sagte sie.

"Sie armer Mensch!" sagte der Psychiater und wischte° sich selbst die Augen.

Interesse haben (an) to be interested (in)
trocknen to dry
Trost consolation
sanft soft
Fernsehapparat TV set
entfernen to remove
Knopf knob, button
befestigen to attach
Fussballsaison soccer season
wischen to wipe

I. Answer the following questions in complete German sentences.
1. Was wurde Ullrich von niemandem geschenkt?
2. Was tat man mit ihm?
3. Wie wurde er in die kalte Welt geschickt?
4. Wodurch wird ihm das Leben auch nicht angenehmer gemacht?
5. Warum schläft Ullrich lieber?
6. Wodurch wird ihm etwas Trost im Leben gegeben?
7. Wozu braucht er Fussball?
8. Welches grosse Spiel wurde angekündigt?
9. Wann wird der Knopf wieder befestigt, sagte seine Frau?
10. Was tat der Psychiater selbst?

II. Arrange the German words to form a sentence.
1. so bestraft/ich/werde/warum?
2. wurde/ich/geschickt/in die kalte Welt.
3. Sie/an Sport/auch/kein Interesse/haben?
4. existieren/um zu/Fussball/brauche/ich.
5. aber/den Knopf/entfernte/vom Apparat/meine Frau.

III. Complete each of the statements correctly.
1. Ullrich fragte den Psychiater, als er auf der Couch _____.
   a) versteht

41

b) geschenkt

c) lag

2. Der Psychiater sagte: "Aber Sie sind doch _____."

   a) geschickt

   b) verheiratet

   c) ignoriert

3. "Lieber schlafe ich, anstatt meine Zeit zu _____."

   a) finden

   b) schluchzen

   c) verschwenden

4. Ullrich konnte das Fussballspiel nicht _____.

   a) existieren

   b) ankündigen

   c) sehen

5. Der Psychiater sagte: "Sie armer _____!"

   a) Fussball

   b) Trost

   c) Mensch

16. Ein Radio-Interview

Ansagerin:° Meine Damen und Herren, willkommen
zu unserem Programm: Neues für jedermann.° Unser
Gast heute ist Professor Holzkopf, der zum Gesund-
heitsberater° für unseren Landkreis° ernannt° worden
ist. Herr Professor, wie geht es Ihnen?

    Professor: Danke, nicht gut. Oder genauer,
schlecht.

    A: Das tut mir leid. Warum denn?

    P: Weil die Leute nicht tun, was ihnen gesagt
worden ist. Es wird zu viel Wasser getrunken.

    A: Wasser? Sie meinen, es ist schädlich?°

    P: Bestimmt nicht nützlich.° Es hat Bazillen. Und

Ansagerin female
announcer
jedermann
everybody
Gesundheitsberater
health advisor
Landkreis county
ernennen to name

schädlich harmful
nützlich useful

43

wenn Wasser chloriert° worden ist, kann man davon° Krebs° bekommen.

A: So gefährlich° ist es? Wie schrecklich!° Aber was soll man denn trinken?

P: Bier.

A: Aber ist nicht behauptet° worden, dass Bier dick macht?

P: Man kann hinterher° Gymnastik treiben,° dann wird man wieder dünn. Nach dem Biertrinken muss mehr Gymnastik getrieben werden.

A: Aber ist nicht oft gesagt worden, dass man von Bier müde° wird?

P: Nicht alle Leute werden müde. Viele werden fröhlich oder kommen in eine sonnige Stimmung.° Nur Hansi nicht. Er wird zornig.°

A: Vom Biertrinken?

P: Oh ja. Ich bin sogar von ihm gebissen° worden.

A: Von Hansi?

P: Leider. Er ist mein Hund, ein netter° brauner Dackel.° Jetzt bekommt er nur noch Wein zu trinken.

chlorieren to chlorinate
davon from it
Krebs cancer
gefährlich dangerous
schrecklich terrible
behaupten to claim
hinterher afterwards
treiben to practice
müde tired
Stimmung mood
zornig angry
beissen to bite
nett nice
Dackel dachshund

I. Answer the following questions in complete German sentences.
1. Wozu ist der Professor ernannt worden?
2. Was tun die Leute nicht?
3. Was wird zu viel getrunken?
4. Wann kann man von Wasser Krebs bekommen?
5. Was ist über Bier behauptet worden?
6. Was, sagt der Professor, muss mehr getrieben werden?
7. Was ist oft gesagt worden?
8. In was für eine Stimmung kommen viele Leute?
9. Was hat Hansi dem Professor getan?
10. Was bekommt er jetzt nur noch zu trinken?

II. Complete the sentences in column A with the proper segment of column B.

A		B	
1.	Willkommen zu	a.	gebissen worden.
2.	Er ist zum Gesundheitsberater	b.	getrunken.
3.	Es wird zu viel Wasser	c.	unserem Programm.
4.	Nach dem Biertrinken muss	d.	ernannt worden.
5.	Der Professor ist sogar von Hansi	e.	mehr Gymnastik getrieben werden.

III. Give the German equivalent of the words in parentheses.

1. Er ist der Gesundheitsberater für unseren (county).
2. Chloricrtcs Wasscr ist (dangerous), sagt der Professor.
3. Man kann hinterher (practice gymnastics).
4. Viele Leute kommen in (a happy mood).
5. Er ist von Hansi (bitten) worden.

17. Häuser zu verkaufen

"Ich habe eine gute und eine schlechte Nachricht,"° sagt Rolf zu Marion, als er nach Hause kommt. Die beiden haben vor kurzem geheiratet und wohnen in einem möblierten° Apartment.

"Zuerst die gute," erwidert° Marion.

"Nicht weit von hier, am Rande° der Stadt, werden neue Häuser gebaut werden. Ich kenne den Agenten."

"Jetzt die schlechte," sagt Marion.

"Die Preise sind hoch, das weiss jeder, aber sie werden bald noch erhöht° werden."

Am nächsten Tag gehen sie beide zum Agenten. Sein Büro° liegt in dem Musterhaus° am Stadtrand.

Nachricht news

möblieren to furnish
erwidern to answer
Rand edge

erhöhen to raise

Büro office
Musterhaus model home

"Die Lage° ist gut," beginnt der Agent. **Lage** location

"Ich sehe nur das Sandfeld° hier," sagt Marion. **Sandfeld** sand field

"Ein schattiger° Park wird hinter den Häusern ange- **schattig** shadowy

legt° werden." Der Agent zeigt ihnen den Plan. "Von **anlegen** to set up

allen Häusern wird eine Aussicht° auf den See° ge- **Aussicht** view

boten werden." **See** lake

"Meinen Sie den Wassertümpel?"° fragt Marion. **Wassertümpel** puddle

"Er stinkt und ist voller Abfall."° **Abfall** garbage

"Er wird gereinigt° werden. Sie wissen, dass auch **reinigen** to clean up

die neue Autobahn hier vorbei gelegt° werden wird?" **legen** (here) to

"Ja, ich sehe es," sagt Marion. "Aber die nächste build

Ausfahrt ist sechs Kilometer entfernt.° Man wird Tag **entfernt** distant

und Nacht von dem Lärm° gestört werden." **Lärm** noise

"Aber sehen Sie unsere schönen Häuser! Sie alle

haben ein Bad° auf jeder Etage!"° **Bad** bathroom **Etage** floor

"Und es ist kaum° zwei Meter breit," erwidert **kaum** hardly

Marion. "Ich habe nicht gewusst, dass unser Apart-

ment so schön ist, Rolf . . ."

I. Answer the following questions in complete German sentences.

1. Was hat Rolf, als er nach Hause kommt?
2. Wo wohnen die beiden?
3. Was wird am Rande der Stadt gebaut werden?
4. Wen kennt Rolf?
5. Was weiss jeder?
6. Wo liegt das Büro des Agenten?
7. Was wird hinter den Häusern angelegt werden?
8. Was wird von allen Häusern geboten werden?
9. Wovon, sagt Marion, wird man gestört werden?
10. Was hat Marion nicht gewusst?

II. Arrange the German words to form a sentence.

1. geheiratet/haben/vor kurzem/die beiden.
2. noch erhöht/bald/werden/die Preise/werden.
3. entfernt/die nächste Ausfahrt/sechs Kilometer/ist.
4. ein Bad/alle Häuser/haben/auf jeder Etage.
5. zwei Meter/kaum/ist/breit/es.

III. Give the German equivalent of the words in parentheses.

1. Sie wohnen in einem (furnished) Apartment.
2. Neue Häuser werden (on the edge) der Stadt gebaut werden.
3. Die Häuser werden eine (view) auf den See haben.
4. Die nächste (exit) ist sechs Kilometer entfernt.
5. Sie hat nicht (known), dass ihr Apartment so schön ist.

18. Ferdis neuer Hut

"Ferdinand!" rief Theo, als er seinen alten Freund vor der Kneipe° stehen sah. Es regnete und donnerte, und Ferdi hatte nur einen schäbigen° Hut auf. "Was ist geschehen? Du bist nass und hast keinen Mantel bei solch einem Wetter . . ."

Kneipe tavern
schäbig shabby

Er nahm ihn mit in die Kneipe und bestellte für sie beide einen Schnaps.°

Schnaps whiskey

"Es freut mich ja so, dich wiederzusehen," begann Theo wieder. "Gerade an diesem Abend, wo ich Geburtstag habe! Haben wir nicht manchen Geburtstag hier zusammen gefeiert?° Ja, es geschehen immer noch Wunder."

feiern to celebrate

Ferdi trank seinen Schnaps. "Es tut mir leid, dass du mich so wiederfindest," sagte er langsam. "Mir ist vorhin mein Regenmantel° gestohlen worden. Und mein Schirm.° Es dämmerte° schon, als mir der Kerl° auch noch die Jacke nehmen wollte. Ich dachte immer, dass solche Sachen nur anderen passieren,° nicht mir."

Theo bestellte ihm noch einen Schnaps.

"Mir ist noch ganz übel,"° fuhr Ferdi fort. "Ich sagte dem Kerl, dass dieser Mantel mein einziger ist. Dass ich fünf Kinder habe. Dass meine Firma wegen der Energiekrise Bankerott° gemacht hat. Und dass ich nun jede Woche zum Wohlfahrtsamt° gehen muss."

"Alles das hat diesen Kerl nicht gerührt?"° fragt Theo.

"Doch," erwiderte Ferdi. "Er gab mir seinen Hut. Jenen Hut, der da hängt. Solchen Hut hat nicht jeder. Gefällt er dir? Du kannst ihn haben, wenn du mir noch einen Schnaps kaufst."

Regenmantel rain coat
Schirm umbrella
dämmern to get dark
Kerl fellow
passieren to happen

übel sick

Bankerott bankruptcy
Wohlfahrtsamt welfare office

rühren to touch, move

I. Answer the following questions in complete German sentences.
1. Wen sah Theo vor der Kneipe stehen?
2. Was hat er mit Ferdi in der Kneipe gefeiert?
3. Was, dachte er, geschieht immer noch?
4. Was ist Ferdi gestohlen worden?
5. Was dachte er immer über solche Sachen?
6. Was ist mit seiner Firma geschehen?
7. Wohin muss er nun jede Woche gehen?
8. Was gab der Kerl Ferdi?
9. Was hat nicht jeder?
10. Wofür kann Theo den Hut von Ferdi haben?

II. Complete the sentences in column A with the proper segment of column B.

A	B
1. Theo sah seinen Freund	a. ganz übel.
2. Ihm ist sein Regenmantel	b. den Hut haben.
3. Ferdi ist noch	c. gestohlen worden.
4. Alles das hat den Kerl	d. vor der Kneipe stehen.
5. Theo kann	e. nicht gerührt.

III. Fill in the missing expressions from the story.
1. Ferdi hatte nur einen _____ Hut auf.
2. Er dachte, dass solche Sachen nur anderen _____.
3. Seine Firma hat wegen der Energiekrise _____ gemacht.
4. Er muss jede Woche zum _____ gehen.
5. Alles das hat den Kerl nicht _____.

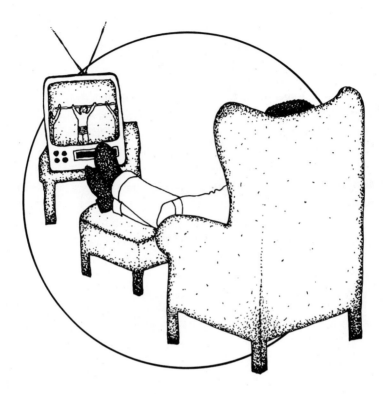

19. Am Stammtisch°

Stammtisch table reserved for regular patrons

Wie jeden Montagabend hatten sich Dietmar, Werner und Manfred am Stammtisch im "Goldenen Löwen" getroffen. Sie spielten Skat.°

Skat German card game

"Wir alle essen zu viel," sagte Manfred nach einer Weile. "Darum sind wir so dick geworden."

"Ja, das ist wahr," bestätigte° Dietmar. "Schon in der Frühe beginnt es bei mir. Sobald° ich aufgewacht bin, muss ich Eier mit Speck° haben."

bestätigen to confirm
sobald as soon as
Speck bacon

"Auch ich muss etwas eingestehen," sagte Werner. "Seit ich Vertreter° für meine Firma geworden bin, sitze ich den ganzen Tag im Auto. Das macht auch nicht dünner."

Geständnis admission
Vertreter salesman

52

Manfred nickte. "Wir sind alle mehr zu Fuss gegangen früher. Als Kinder sind wir nie zu Hause geblieben. Wir sind immer auf dem Sportplatz gewesen . . ."

"Oh, gestern hatte ich ein komisches Erlebnis!"° unterbrach° ihn Werner. "Erinnert ihr euch noch an Glatzkopf,° unseren alten Sportlehrer? Wir sind mit ihm jede Woche auf den Römerberg° gewandert, wisst ihr noch? Ich habe ihn wiedergesehen, auf der Strasse."

"Wie geht es ihm? Wie sah er aus?"

"Er ist so dick wie ein Luftballon° geworden! Seit er pensioniert° worden ist, ist er um die halbe Welt gereist, immer nur im Flugzeug° und im Auto. Ich fragte ihn, ob er keinen Sport mehr treibt."

"Und?"

"Ja, sagte er. Das grösste Ereignis° des Tages ist für ihn das Gymnastikprogramm° im Fernsehen. Er sieht es sich regelmässig° an, von seinem Ledersessel° aus."

Erlebnis occurrence
unterbrechen to interrupt
Glatzkopf baldhead
Römerberg (name of a hill)

Luftballon balloon
pensionieren to retire
Flugzeug airplane

Ereignis event
Gymnastikprogram gymnastics performance
regelmässig regular, regularly
Ledersessel leather easy chair

I. Answer the following questions in complete German sentences.

1. Wo hatten sich die drei Männer getroffen?
2. Was spielten sie?
3. Weshalb sind sie so dick geworden?
4. Wann muss Dietmar Eier mit Speck haben?
5. Seit wann sitzt Werner den ganzen Tag im Auto?
6. Was haben sie alle früher mehr getan?
7. Wo sind sie als Kinder immer gewesen?
8. Wohin sind sie mit ihrem Sportlehrer gewandert?
9. Was hat er getan, seit er pensioniert worden ist?
10. Was ist fur ihn das Gymnastikprogramm im Fernsehen?

II. Questions for written or oral expression.

1. Wie heisst ein populäres deutsches Kartenspiel?
2. Wo sitzen Vertreter die meiste Zeit?

3. Was haben Schüler in Deutschland jede Woche gemacht?
4. Was wird ein Lehrer, wenn er nicht mehr Unterricht gibt?
5. Welches Programm gibt es jeden Tag im Fernsehen?

III. Give the German equivalent of the words in parentheses.
1. Dietmar, Werner und Manfred trafen sich (at the table reserved for regular patrons).
2. "Wir essen zu viel," sagte er (after a while).
3. (As soon as) Dietmar aufgewacht ist, muss er Eier mit Speck haben.
4. (Since) Werner Vertreter geworden ist, sitzt er den ganzen Tag im Auto.
5. Werner hatte ein komisches (occurrence).

20. Der schlaue° Agent

Schon lange hatte Bernd Kümmel auf der Bühne° eines grossen Theaters singen wollen. Bis jetzt hatte er es aber nur auf kleinen Parties tun dürfen—im Liederklub° und auf Hochzeitsfesten.° Dem grossen Publikum° war er ein Unbekannter.

Schliesslich ging er zu einem Agenten.

"Meine Eltern hatten nie gewollt, dass ich Sänger werde," erzählte er ihm. "Darum habe ich noch nicht beweisen° können, was ich kann."

Er begann ein Lied zu singen.

"Dankeschön," sagte der Agent. "Ja, Sie können etwas. Sie sind nicht unbegabt.° Kommen Sie morgen früh wieder."

Bühne   stage

Liederklub   singing club
Hochzeitsfest   wedding party
Publikum   audience

beweisen   to prove

unbegabt   untalented

55

"Wissen Sie, dass der Sänger Alfredo einen Unfall° gehabt hat?" begrüsste er Bernd am nächsten Morgen. "Kommen Sie sofort mit mir zum Apollo-Theater!" Er hängte sich einen Rucksack° über die Schulter, als er mit Bernd sein Büro verliess.

Unten auf der Strasse sah Bernd, dass aus dem Rucksack kleine Geldstücke° herausfielen; denn er hatte ein Loch. Mehr und mehr Kinder liefen ihnen nach, um die Pfennige aufzuheben.°

"Seien Sie unbesorgt,"° sagte der Agent. "Ich habe es so gewollt." Inzwischen° folgten ihnen auch mehrere Erwachsene.

Als sie vor dem Apollo-Theater standen, sah der Direktor aus dem Fenster heraus. "Was für eine Menschenmenge° dieser junge Mann anzieht!" sagte er zu seiner Sekretärin.° "Unser Sänger Alfredo hat es nie gekonnt."

Er machte sofort mit Bernd einen guten Vertrag.° Auch der Agent war nicht unzufrieden.° Bernd ist heute ein grosser Star.

Unfall accident

Rucksack knapsack

Geldstück coin

aufheben to pick up
unbesorgt not worried
inzwischen meanwhile

Menschenmenge crowd
Sekretärin secretary

Vertrag contract
unzufrieden dissatisfied

I. Answer the following questions in complete German sentences.
1. Was hatte Bernd schon lange gewollt?
2. Wo hatte er es bis jetzt nur tun dürfen?
3. Was hatten seine Eltern nie gewollt?
4. Was hatte Bernd noch nicht beweisen können?
5. Was hatte der Sänger Alfredo gehabt?
6. Weshalb liefen ihnen mehr und mehr Kinder nach?
7. Was geschah, als sie vor dem Theater standen?
8. Was sagte der Direktor zu seiner Sekretärin?
9. Was sagte er über den Sänger Alfredo?
10. Was machte der Direktor sofort mit Bernd?

II. Complete the sentences in column A with the proper segment of column B.

A	B
1. Bernd hatte nur auf kleinen Parties _____	a. beweisen können.
	b. singen dürfen.
2. Seine Eltern hatten es nie gewollt, dass er _____	c. so gewollt.
	d. nie gekonnt.
3. Er hatte nicht _____, wie gut er war.	e. Sänger wurde.
4. Der Agent hatte es _____	
5. Der Sänger Alfredo hat es _____	

III. Arrange the German words to form a sentence.
1. auf kleinen Parties/dürfen/Bernd/nur/hatte/singen.
2. noch nicht/können/er hatte/beweisen/wie gut er war.
3. der Direktor/heraus/aus dem Fenster/sah.
4. nie gekonnt/es/der Sänger Alfredo/hat.
5. unzufrieden/nicht/der Agent/war.

SONST NICHTS FÜR DICH.

21. Ein Missverständnis°

Doris kam Heidi besuchen. "Wer ist das?" fragte sie, auf ein Foto an der Wand zeigend. "Darf ich?"

Sie nahm es von der Wand herab. Es genau betrachtend° fragte sie ihre Freundin: "Wer ist das?"

"Ahmed," sagte Heidi. "Er ist ein türkischer° Gastarbeiter in unserer Fabrik."°

"Nett. Er hat lustig blitzende° Augen," bemerkte Doris. "Aber warum hat er sich nicht die Haare schneiden lassen?"

"Mir gefällt er," sagte Heidi.

"Wo habt ihr euch kennen gelernt?" wollte Doris wissen, das Bild wieder an die Wand hängend.

betrachten to look at
türkisch Turkish
Fabrik factory

blitzen to flash

"Auf unserem Sportfest. Ich hatte ihn schwimmen sehen und gratulierte° ihm, weil er Sieger° wurde."

"Kann Ahmed Deutsch?"

gratulieren to congratulate
Sieger winner

"Nicht viel, leider. Aber ich gebe ihm Unterricht und habe ihm oft Briefe schreiben helfen. Vorige Woche stand er auf einmal hier im Zimmer—"

"Ja, und?" Doris' Augen wurden grösser.

"Ich hatte ihn nicht kommen hören, so schnell war er da. 'Hier!' rief er, 'Ein Brief! Was heisst das?'

Ich erklärte ihm den Brief; er war von Ullrich, seinem deutschen Freund, der ihm zum Geburtstag gratulierte. Ein Zehn-Mark-Schein° lag dabei."

Zehn-Mark-Schein ten mark bill

"Und?"

"Ahmed hatte nicht alles verstanden, was sein Freund ihm geschrieben hatte. Im Brief stand: Hier sind ZEHN MARK und SONST NICHTS° für dich.

sonst nichts nothing else

"Wo ist das 'sonst nichts'?" fragte er. "Hat es jemand aus dem Brief herausgenommen?"

I. Answer the following questions in complete German sentences.

1. Worauf zeigte Doris, als sie Heidi besuchen kam?
2. Was für Augen hatte Ahmed?
3. Was fragte Doris wegen Ahmeds Haaren?
4. Was hatte Heidi ihn auf dem Sportfest tun sehen?
5. Wobei hat Heidi Ahmed oft geholfen?
6. Was hatte Heidi nicht gehört, als er auf einmal im Zimmer stand?
7. Von wem hatte er einen Brief bekommen?
8. Wozu gratulierte ihm Ullrich?
9. Welche Worte hatte Ahmed nicht verstanden?
10. Was, dachte er, hat jemand mit 'sonst nichts' getan?

II. Fill in the missing expressions from the story.

1. Ahmed war ein ———— Gastarbeiter.
2. Er hatte lustig ———— Augen.
3. Heidi hatte ihn auf dem Sportfest ———— gelernt.
4. Sie hatte ihn nicht kommen ————.
5. Ahmed hatte nicht alles ————, was Ullrich ihm ———— hatte.

III. Arrange the German words to form a sentence.
1. betrachtend/das Foto/fragte/Wer ist das?/sie
2. ihn/sehen/hatte/Heidi/schwimmen.
3. sie fragte/Ahmed/Deutsch/kann/ob.
4. in dem Brief/ein Zehn-Mark-Schein/lag.
5. nicht alles/hatte/verstanden/Ahmed.

22. Alex' Dilemma

"Was ist los mit dir?" begrüsste Hermann seinen Freund in der Werkskantine,° wo sie immer zusammen ihr Mittagessen einnahmen. "Hattest du ein schlechtes Wochenende?"

"Du hast keine Ahnung° von all dem, was ich seit Freitag durchgemacht° habe," begann Alex. "Es war unser zweiter Hochzeitstag,° und ich habe Susi überraschen wollen. Ich ging ins Kaufhaus° Forster und in die Geschenkabteilung,° in der Fräulein Kurz arbeitet."

"Eure Nachbarin, von der du mir erzählt hast?"

"Ja, dieselbe, deren Wachhund° die ganze Nacht bellt. Weil sie Susi auch kennt, fragte ich sie, was

Werkskantine company's lunch room

Ahnung idea

durchmachen to go through
Hochzeitstag wedding anniversary
Kaufhaus department store
Geschenkabteilung gift-department

Wachhund watchdog

61

ich meiner Frau schenken sollte. Es war der grösste Fehler, den ich machen konnte."

"Warum?"

"Sie kam mit einer Pelzkappe° zurück, deren Preis mich erbleichen° liess. Zweihundertfünfzig Mark."

"Hast du sie gekauft?" fragte Hermann.

"Ja, Fräulein Kurz sagte, die Kappe wäre aus Silberfuchs°—etwas ganz Besonderes und die beste, die sie hätten."

"War Susi glücklich, als du sie ihr gabst?"

"Zuerst ja," sagte Alex stöhnend. "Aber jetzt will sie auch noch einen Mantel aus Silberfuchs, der zu der Pelzkappe passt."°

Pelzkappe fur cap

erbleichen to turn pale

Silberfuchs silver fox

passen to match

I. Answer the following questions in complete German sentences.
1. Wo begrüsste Hermann seinen Freund?
2. Wovon hatte Hermann keine Ahnung?
3. Was hatte Alex tun wollen?
4. Welche Nachbarin von Alex ist Fräulein Kurz?
5. Was fragte Alex sie?
6. Was für ein Fehler, denkt Alex, war es?
7. Was für eine Pelzkappe brachte Fräulein Kurz?
8. Woraus war die Kappe gemacht?
9. Was für einen Mantel will Susi jetzt auch noch haben?
10. Wozu soll dieser Mantel passen?

II. Fill in the missing expressions from the story.
1. Sie hatten ihr _____ in der Werkskantine.
2. Freitag war Alex' zweiter _____.
3. Fräulein Kurz war die Nachbarin, _____ Wachhund die ganze Nacht bellte.
4. Sie kam mit einer _____ zurück, deren Preis Alex _____ liess.
5. Susi will einen Mantel, _____ zu der Pelzkappe passt.

III. Give the German equivalent for the words in parentheses.
1. Du hast keine (idea) von all dem, sagte Alex, was ich seit Freitag (gone through).
2. Alex ging in (the gift department).

3. Fräulein Kurz war seine (neighbor), deren (watchdog) die ganze Nacht bellte.
4. Der Preis der Pelzkappe war (250) Mark.
5. Jetzt will Susi noch einen Mantel aus (silver fox).

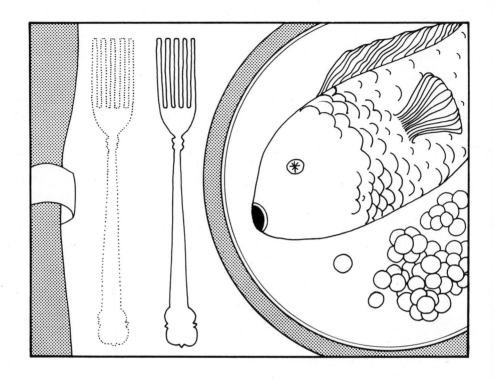

23. Eine vornehme Party

Frau Bankdirektor Huber war überglücklich.° Alle die hochvornehmen° Leute, die sie zu ihrer Party eingeladen hatte, waren erschienen—sogar der Graf° von Edelweiss mit seiner blutjungen° Frau.

"Kommen Sie, meine Damen und Herren!" sagte sie mit zuckersüsser° Stimme. "Lassen Sie uns ins Speisezimmer gehen!"

"Also gehen wir!" sagte der Graf zu seiner Frau. "Komm, ich führe dich an den Tisch."

"Nehmen Sie bitte Platz," sagte die Gastgeberin.° Die Party war höchstwichtig° für sie, weil ihr Mann neue Freunde gewinnen wollte, besonders den steinreichen° Grafen; denn seine Bank war in einer finanziellen Krise.

überglücklich more than happy
hochvornehm very refined
Graf count
blutjung very young

zuckersüss sweet like sugar

Gastgeberin hostess, lady of the house
höchstwichtig very important
steinreich extremely rich

"Anna, serviere° die Suppe!"
Die Haushilfe° brachte die Hühnersuppe. Dann gab es ein Fischgericht° mit Moselwein.°
"Also trinken wir!" sagte der Graf. "Aufs Wohl° unserer Gastgeber!"
Dann begannen alle zu essen, nur die junge Gräfin nicht. Ihre Tischnachbarin° fragte sie: "Schmeckt es Ihnen nicht?"
"Ich kann diesen Fisch nicht essen," sagte die Gräfin. Anna, die Haushilfe, kam.
"Ich kann diesen Fisch nicht essen," wiederholte° die Gräfin. Höchstbestürzt° kam die Gastgeberin.
"Aber warum nicht?" flüsterte Frau Huber.
"Ich habe keine zweite Gabel," erwiderte süss die Gräfin.

serviere° **servieren** to serve
Haushilfe house help
Fischgericht fish course
Moselwein wine from the Moselle
Aufs Wohl! To the health!
Tischnachbarin neighbor at the table
wiederholen to repeat
höchstbestürzt greatly worried
Gabel fork

I. Answer the following questions in complete German sentences.
1. Weshalb war Frau Huber so überglücklich?
2. Was sagte sie zu ihren Gästen?
3. Was sagte der Graf zu seiner Frau?
4. Was sagte die Gastgeberin im Speisezimmer?
5. Warum war die Party höchstwichtig für sie?
6. Was sagte Frau Huber zu Anna?
7. Was gab es nach der Hühnersuppe?
8. Was sagte der Graf, als der Wein kam?
9. Wer begann nicht zu essen?
10. Weshalb konnte die Gräfin den Fisch nicht essen?

II. Questions for written or oral expression.
1. In welchem Zimmer isst man auf einer Party?
2. Wer führt eine Dame an den Tisch, wenn auch Herren auf einer Party sind?
3. Wer bringt das Essen auf einer vornehmen Party?
4. Was sagt ein Gast auf einer Party, bevor man Wein trinkt?
5. Mit wievielen Gabeln isst man in Deutschland ein Fischgericht?

III. Fill in the missing expressions from the story.
1. Kommen ———, meine Damen und Herren! sagte sie.

2. Lassen Sie ———— ins Speisezimmer gehen, sagte die Gastgeberin.
3. Also gehen ————, murmelte der Graf.
4. Nehmen ———— bitte Platz, sagte Frau Huber.
5. Der Graf sagte: Also ———— wir!

24. Ist das noch Deutsch?

Lieber Robert!   Frankfurt, den 3. Juli 1985

Du fragtest mich in Deinem letzten Brief, worüber
ich mich hier in Deutschland am meisten wundere.°   (sich) **wundern** to
be surprised
Glaube mir, darüber lässt sich mehr schreiben, als
ich es heute kann.

Womit soll ich anfangen? Gestern begegnete ich
meiner Freundin Petra, und sie fragte mich: "Wie
findest du unseren Zoo?" Ich erklärte° es ihr: Man   **erklären** to explain
fährt bis zum Alfred-Brehm-Platz, daneben liegt er.
Aber sie lachte und sagte, sie wollte nur wissen, wie
mir der Zoo gefällt. Daran kannst du sehen, wie
komisch Deutsch oft ist.

Noch mehr wundere ich mich über die jungen
Leute hier. Fast alle folgen unserer Mode,° haben   **Mode** fashion

67

lange Haare, tragen "Jeans" und hören "Rock" auf ihren "Festivals". Darüber wundert sich niemand mehr. Aber auch die Hausfrauen sprechen von den "Supermärkten," zu denen sie gehen, und in den Bars gibt es nur noch "Drinks"—Whiskeys, Martinis, Gin-Fizz, sogar "on the rocks", genau wie in Amerika.

Ja, es wird immer schwerer hier, etwas typisch Deutsches zu finden. Ich frage mich selbst, wofür ich nach Frankfurt gekommen bin. Auf der Suche° nach einem *richtigen* Deutschen sah ich gestern einen, der vor dem Hauptbahnhof stand. Ich näherte° mich ihm mit meiner Kamera; denn er trug Lederhosen!°

Ich knipste° ihn, worauf er sich herumdrehte und sagte: "Send me one print of this picture for my wife." Es war ein Tourist aus Wichita, Kansas. Verzeihe° mir die Kürze° für heute.

Alles Gute, Deine Lillian

Suche search

(sich) nähern to approach
Lederhosen leather pants
knipsen to shoot a picture

verzeihen to forgive
Kürze shortness

I. Answer the following questions in complete German sentences.
1. Was hat Robert Lillian in seinem letzten Brief gefragt?
2. Wem begegnete Lillian gestern?
3. Was fragte Petra sie?
4. Was wollte Petra nur wissen?
5. Wie beschreibt Lillian die jungen Leute hier?
6. Wovon sprechen die Hausfrauen?
7. Was wird immer schwerer hier?
8. Was fragt Lillian sich selbst?
9. Wem näherte Lillian sich mit ihrer Kamera?
10. Was bittet sie Robert, ihr zu verzeihen?

II. Questions for written or oral expression.
1. Wie schreibt man "Frankfurt/July 3, 1985" in einem deutschen Brief?
2. Was kann "finden" bedeuten; geben Sie zwei verschiedene Beispiele.
3. Welche Wörter im Deutschen sind jetzt fast dieselben wie im Englischen?
4. Was für Hosen sind "typisch deutsch"?
5. Mit welchem Ausdruck beendet diese Schreiberin ihren Brief?

III. Fill in the missing expressions from the story.
1. Robert fragte, _____ sich Lillian in Deutschland am meisten wunderte.
2. Sie weiss nicht, _____ sie anfangen soll.
3. Petra wollte nur wissen, wie Lillian der Zoo _____.
4. Lillian fragte sich selbst, _____ sie nach Deutschland gekommen war.
5. Sie _____ sich dem Mann mit ihrer Kamera.

25. Eine tragische Verwechslung°

Verwechslung
mix-up

Leo traut° seinen Augen nicht. Als er früh am Morgen durch den Park zur Arbeit geht, sieht er Emil dort sitzen, auf einer Bank. Sonst ist er immer der erste im Büro gewesen.

trauen to trust

"Schämst° du dich nicht, hier kostbare Zeit zu verschwenden?" fragt er ihn. "Kommst du nicht mit?"

(sich) **schämen** to be ashamed

"Nein," sagt Emil traurig. "Heute morgen erfreue° ich mich der wunderbaren Natur."

(sich) **erfreuen** to enjoy

Sonderbar,° denkt Leo, sich neben ihn setzend. Er hat noch ein paar Minuten Zeit. "Hast du einen glaubhaften° Grund, nicht zur Arbeit zu kommen?"

sonderbar strange

glaubhaft credible

"Ja," sagt Emil. "Die Firma bedarf° meiner nicht mehr. Der Chef erklärte mir, ich bin entlassen."°

bedürfen to need

entlassen to dismiss

"Rede nicht so kindisch."° Leo sieht auf die Uhr. **kindisch** childlike
"Hat er dich irgendeiner Sache beschuldigt?"° **beschuldigen** to accuse
"Ja. Aber ich kann dich meiner Unschuld versichern.° Du weisst doch von dem tragischen Tod seiner jungen Frau, nicht wahr?" **versichern** to assure
Leo nickt. "Mach' schnell. Ich muss gehen."
"Zu ihrer Beerdigung° habe ich einen Kranz° bestellt, mit einer Karte dabei: *Ruhe in Frieden*. Am selben Tag aber habe ich auch meiner Freundin einen schönen Strauss° roter Rosen bestellt." **Beerdigung** funeral **Kranz** wreath **Strauss** bouquet
Leo steht auf. "Es war doch sehr aufmerksam° von dir, auch der Frau des Chefs zu gedenken.° Weshalb hat er dich denn entlassen?" **aufmerksam** attentive, courteous **gedenken** to remember
Emil seufzt. "Mein Blumenhändler hat sich geirrt.° Er hat meiner Freundin den Kranz geschickt. Für die Frau meines Chefs kam der Rosenstrauss an, und auf der Karte stand: *Liebling,° ich werde Dich niemals vergessen...* Auch meine Freundin spricht nicht mehr mit mir." **(sich) irren** to make a mistake **Liebling** darling

I. Answer the following questions in complete German sentences.
1. Was ist Emil sonst immer gewesen?
2. Was fragt Leo ihn?
3. Wessen erfreut sich Emil heute morgen?
4. Was fragt ihn Leo, sich neben ihn setzend?
5. Was hat der Chef Emil erklärt?
6. Wessen kann Emil seinen Freund versichern?
7. Was stand auf der Karte, die zu dem Kranz gehörte?
8. Was hat Emil für seine Freundin bestellt?
9. Was stand auf der Karte für die Frau seines Chefs?
10. Was tut Emils Freundin nicht mehr?

II. Fill in the missing expressions from the story.
1. Leo fragt: _____ du dich nicht, hier kostbare Zeit zu _____?
2. Hat Emil einen _____ Grund, nicht zur Arbeit zu kommen?
3. Der Chef erklärte Emil, dass die Firma _____ nicht mehr bedarf.
4. Zu der _____ bestellte Emil einen Kranz.
5. Für die Frau seines Chefs kam der _____ an.

III. Complete the sentences in column A with the proper segment of column B.

	A		B
1.	Emil ist immer der erste _____	a.	entlassen.
		b.	in Frieden.
2.	Der Chef hat Emil _____	c.	im Büro gewesen.
3.	Leo sagt zu ihm: Rede nicht so _____	d.	sich geirrt.
		e.	kindisch.
4.	Auf der Karte stand: Ruhe _____		
5.	Emils Blumenhändler ____ hat _____		

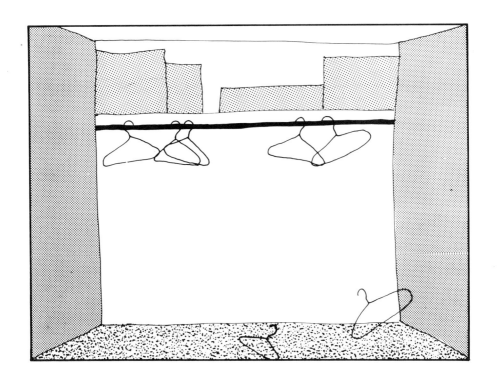

26. Der zerstreute° Professor

zerstreut absent-minded

"Bertha!" begrüsste° Professor Krautbein seine alte treue Haushälterin,° als er nach Hause kam. "Sie wollen doch einmal Ihre Verwandten auf dem Lande besuchen, nicht wahr? Ich habe Ihnen schon lange einen freien Tag versprochen.° Den haben Sie wirklich verdient!° Also fahren Sie morgen."

"Aber Herr Professor," protestierte Bertha. "Keiner wird Sie bedienen,° wenn ich fort bin."

"Keine Angst, das brauchen Sie nicht zu befürchten. Ich werde nicht verhungern.° Ich kann bei meinem Kollegen essen, mit dem ich etwas zu besprechen° habe. Das geht in Ordnung."

begrüssen to greet
Haushälterin housekeeper

versprechen to promise
verdienen to deserve

bedienen to attend to

verhungern to starve
besprechen to discuss

Bertha seufzte.° "Sie meinen Professor Schuster? seufzen to sob
Der wohnt aber so weit von hier fort."

"Ich kann mein Motorrad nehmen," bemerkte° der bemerken to
Professor. remark

Als Bertha am nächsten Morgen sein Haus verlassen
hatte, schob er sein Motorrad vom Hinterhof° auf die Hinterhof
Strasse. Da kam ein junger Mann aus seinem Haus- backyard
eingang° heraus. Er hatte beide Arme voller Kleidungs- Hauseingang
stücke.° house entrance
Kleidungsstück
"Oh, haben Sie von meiner Haushälterin diese item of
Sachen zum Reinigen bekommen?" fragte der Pro- clothing
fessor den erstaunten° Jüngling. "Sehr gut! Hier, erstaunen to be
nehmen Sie auch noch meine Jacke; es ist ja warm surprised
heute."

Als er spät am Abend nach Hause zurückkehrte,
fand er Bertha in Tränen.° Träne tear

"Alle Ihre Anzüge und Mäntel sind gestohlen,"
schluchzte° sie. "Ein Dieb° war hier . . ." schluchzen to sob
Dieb thief
"Ach ja, netter junger Mann," sagte der Professor.
"Ich habe ihm auch noch meine Jacke mitgegeben."

I. Answer the following questions in complete German sentences.
1. Was hat der Professor Bertha versprochen?
2. Was, sagt er, soll sie morgen tun?
3. Was antwortet Bertha ihm?
4. Was hat der Professor mit seinem Kollegen zu tun?
5. Womit will er zu ihm fahren?
6. Von woher schob der Professor sein Motorrad auf die Strasse?
7. Woher kam der junge Mann?
8. Wozu, dachte der Professor, hatte er die Kleidungsstücke bekommen?
9. Wie fand der Professor Bertha am Abend?
10. Was hat er dem Dieb noch gegeben?

II. Complete the sentences in column A with the proper segment of column B.

A	B
1. Er hatte Bertha einen freien Tag	a. erraten.
	b. zu besprechen.
2. Bertha befürchtet, dass keiner ihn	c. versprochen.
	d. bedienen wird.
3. Er hatte mit seinem Kollegen etwas	e. erstaunt.
4. Der Jüngling war	
5. Bertha hatte es	

III. Give the German equivalent of the words in parentheses.
1. Er begrüsste seine alte treue (housekeeper).
2. Aber Herr Professor, (protested) Bertha.
3. Er schob sein (motorbike) vom (backyard).
4. Der Jüngling kam aus dem (house entrance).
5. Der Professor fand Bertha (in tears).

27. Haltet den Dieb!

Miss Cornelia Baumann war zum ersten Mal in einem deutschen Hotel. Jetzt antwortete sie auf die Fragen des Detektivs,° der neben ihr in dem Gang stand: "Ja, es war hier vor meiner Tür . . ."

    Kurz davor war sie ins Speisezimmer gegangen. Ein älterer freundlicher Herr, der keinen anderen Platz mehr fand, bat sie, an ihrem Tisch Platz nehmen zu dürfen. Nach einer Weile hatte Cornelia ihm erzählt, dass ihre Vorfahren° aus dieser Stadt stammten.°

    "Baumann heissen Sie? Ja, ich erinnere mich an einen Ullrich Baumann, der hier lebte. Er hatte immer von Amerika geschwärmt.° Ich kannte ihn gut."

Detektiv detective

Vorfahre ancestor

stammen (aus) to hail (from)

schwärmen (für) to be enthusiastic (about)

76

"Er war mein Grossvater! Ich denke noch oft an ihn. Er ist erst vor drei Jahren in Pittsburgh an einem Herzschlag° gestorben. Wissen Sie auch, ob sein Sohn Hans noch hier lebt? Ich würde ihn gerne morgen besuchen."

Herzschlag heart attack

"Natürlich! Seine Adresse ist im Telefonbuch. Er wird sich bestimmt freuen, Sie kennen zu lernen," sagte der freundliche Herr beim Abschied.

Glücklich kehrte Cornelia auf ihr Zimmer zurück. Da sah sie einen Mann mit mehreren Paar Schuhen unterm Arm am Ende des Ganges verschwinden.

"Haltet den Dieb!" schrie sie laut.

Der Hoteldetektiv, der sofort erschienen war, lächelte. "Es war kein Dieb," sagte er zu ihr. "Bei uns stellt man abends seine Schuhe vor die Tür, und der Mann hat sie eingesammelt°—zum Putzen. Das ist in diesem Hotel noch Sitte, mein Fräulein."

einsammeln to collect

I. Answer the following questions in complete German sentences.
1. Wo war Miss Baumann zum ersten Mal?
2. Auf wessen Fragen antwortete sie jetzt?
3. Wohin war sie gegangen?
4. Was bat sie der ältere freundliche Herr?
5. Was hatte Cornelia ihm nach einer Weile erzählt?
6. An wen erinnerte sich der Herr?
7. Woran war er vor drei Jahren gestorben?
8. Worauf wird sein Sohn Hans sich bestimmt freuen?
9. Womit sah sie einen Mann am Ende des Ganges verschwinden?
10. Was tut man in diesem Hotel mit seinen Schuhen?

II. Fill in the missing expressions from the story:
1. Sie war (shortly before) ins Speisezimmer gegangen.

2. Er bat sie, an ihrem Tisch (to be allowed to take a seat).
3. Ihr Grossvater war (of a heart attack) gestorben.
4. Hans wird sich freuen, (to get to know Cornelia).
5. Glücklich kehrte sie (to her room) zurück.

III. Arrange the German words to form a sentence.
1. des Detektivs/sie/auf die Fragen/antwortete.
2. ins Speisezimmer/war/gegangen/sie/kurz vorher.
3. zu dürfen/ein freundlicher Herr/sie/an ihrem Tisch/bat/Platz nehmen.
4. gestorben/vor drei Jahren/war/an einem Herzschlag/ihr Grossvater.
5. abends/seine Schuhe/setzt/in diesem Hotel/man/vor die Tür.

28. Fussball-Tragödie°

Tragödie   tragedy

Hugo hat Albert eine Woche lang nicht gesehen. Im "Silbernen Adler"° angekommen, wo sie sich sonntags zu ihrem Frühschoppen° treffen, blickt er ihn erstaunt an: Albert hat eine dicke Beule° auf dem Kopf.

Adler   eagle

Frühschoppen   morning pint

Beule   bump

Zuerst erkundigt° sich Hugo nach Alberts Familie. "Danke, es geht ihnen gut," sagt sein Freund. "Aber alle beschweren° sich darüber, dass ich keine Zeit für sie habe. Meine Frau meint, ich soll mich mehr um die Kinder kümmern.° Sie spricht von nichts anderem. Und Willi, mein Sohn, beklagt sich darüber, dass ich ihn nicht mit zum Fussball° nehme."

(sich) erkundigen   to inquire

(sich) beschweren   to complain

(sich) kümmern   to be concerned

zum Fussball   to a soccer game

"Ja, das tun sie alle. Aber ärgere° dich nicht da-rüber. Die Fussballsaison ist ja bald zu Ende. Hast du gestern das grosse Spiel gesehen?"

"Natürlich. Ich hatte mich so darauf gefreut . . .° Lass' uns über etwas anderes reden! Ist es wahr, dass eure Sekretärin sich mit ihrem Chef verlobt° hat?"

"Ich habe sie nicht danach gefragt. Erzähle mir lieber mehr von dem Spiel. Es begann mit einem Tor° für die Gastmannschaft,° nicht wahr?"

"Ja, aber in der Halbzeit° war es eins zu eins. Aufs Feld zurückgekehrt, schoss Krüger den Ball aus dem Feld heraus . . ."

"Und?" Hugo errötet° vor Aufregung.

"Er traf° mich genau am Kopf, weil ich in der ersten Zuschauerreihe° sass. Du siehst es an meiner Beule. Als ich nach Hause kam, schrie meine ganze Familie vor Lachen."

(sich) **ärgern** to be angry

(sich) **freuen auf** to look forward to

(sich) **verloben** to get engaged

Tor goal

Gastmannschaft guest team

Halbzeit half time

erröten to blush

treffen to hit

Zuschauerreihe spectators row

I. Answer the following questions in complete German sentences.
1. Weshalb blickt Hugo Albert erstaunt an?
2. Wonach erkundigt sich Hugo zuerst?
3. Was meint Alberts Frau?
4. Worüber beklagt sich Willi, sein Sohn?
5. Worüber will Hugo lieber reden?
6. Womit begann das Spiel?
7. Wann schoss Krüger den Ball aus dem Feld heraus?
8. Warum traf der Ball Albert genau am Kopf?
9. Woran kann Hugo es sehen?
10. Was geschah, als Albert nach Hause kam?

II. Complete the sentences in column A with the proper segment of column B.

A	B
1. Hugo erkundigt sich	a. um die Kinder.
2. Alberts Frau sagt: Kümmere dich mehr	b. von dem Spiel.
	c. nach Alberts Familie.
3. Hugo bittet ihn: Erzähle mir lieber mehr	d. vor Lachen.
4. Das Spiel begann	e. mit einem Tor für die Gastmannschaft.
5. Alberts Familie schrie	

III. Give the German equivalents of the words in parentheses.
1. Hugo und Albert treffen sich sonntags zu ihrem (morning pint).
2. (At first) erkundigt sich Albert nach Hugos Familie.
3. Die (soccer season) ist bald zu Ende.
4. Hat sich eure (secretary) mit ihrem Chef verlobt?
5. Hugo errötet (with excitement).

29. Der Gast aus Hongkong

"Unser Gast aus Hongkong muss sehr freundlich empfangen werden," sagte Generaldirektor° Schluck zu seiner Frau. Er sei der Besitzer° einer grossen Textilfabrik° und nach Deutschland gekommen, um neue Maschinen zu kaufen. Dies bedeute° viel für seine Firma, weil sie Exportaufträge° nötig habe.

Er fuhr zum Grand Hotel, wo der Empfang geplant war. Sein Geschäftsführer° begrüsste ihn aufgeregt in der Halle. Er habe den Bahnhof angerufen und erfahren, dass der D-Zug mit dem hohen Gast soeben angekommen sei. Das bedeute, er werde in ein paar

Generaldirektor president of a firm
Besitzer owner
Textilfabrik textile factory
bedeuten to mean
Exportauftrag export order
Geschäftsführer manager

82

Minuten hier im Hotel erscheinen. Alle Mitglieder des Vorstandes° seien im grossen Saal versammelt, um den Gast aus Hongkong zu empfangen.

Vorstand board of directors

"Sie wissen, meine Herren, wie die Energiekrise unsere Produktion geschädigt° hat," sagte der Chef der Firma zu seinen Kollegen, während sie auf den Besucher warteten. Alles müsse getan werden, mehr Aufträge aus dem Ausland zu erhalten . . .

schädigen to harm

Da standen alle Mitglieder des Vorstandes auf und sahen auf die geöffnete Tür des Saales. Von ihrem Geschäftsführer begleitet kam ein freundlich lächelnder Chinese auf sie zu.

"Willkommen in Deutschland!" rief Generaldirektor Schluck und eilte dem Chinesen freundlichst entgegen. Alle seine Kollegen klatschten.° Der Gast lächelte noch mehr und nahm neben ihm Platz. Man ass und trank zusammen, das Beste vom Besten. Schluck versicherte dem Gast, wie erfreut er sei, dass er die lange Reise von Hongkong gut überstanden° habe.

klatschen to applaud

überstehen to endure

"Von Hongkong?" fragte der Chinese erstaunt. "Ich komme aus Hamburg, wo ich ein kleines Restaurant habe. Ich wollte meinen Bruder hier treffen. Er will neben diesem Hotel auch ein chinesisches Restaurant eröffnen."

eröffnen to open

I. Answer the following questions in complete German sentences.

1. Wie müsse der Gast aus Hongkong empfangen werden, sagte Herr Schluck?
2. Weshalb sei er nach Deutschland gekommen?
3. Weshalb bedeutet das viel für Schlucks Firma?
4. Was hatte sein Geschäftsführer erfahren?
5. Wo, sagte er, seien alle Mitglieder des Vorstandes versammelt?
6. Wer kam von der Tür des Saales auf sie zu?
7. Neben wem nahm der Gast Platz?
8. Was versicherte Herr Schluck ihm?
9. Was hatte der Chinese in Hamburg?
10. Weshalb wollte er seinen Bruder hier treffen?

II. Arrange the German words to form a sentence.
1. Schluck sagte/sei/der Gast/einer grossen Textilfabrik/der Besitzer.
2. aufgeregt/sein Geschäftsführer/ihn/begrüsste/in der Halle.
3. Er sagte/das bedeute/in ein paar Minuten/er/im Hotel/erscheinen/ hier/werde.
4. Begleitet/von ihrem Geschäftsführer/auf sie zu/kam/ein freundlich lächelnder Chinese.
5. freundlichst/ihm/entgegen/der Generaldirektor/eilte.

III. Give the German equivalent of the words in parentheses.
1. Der (manager) begrüsste den (president of the firm) aufgeregt in der Halle.
2. Alle Mitglieder des (board of directors) waren im Saal versammelt.
3. Er eilte (toward him), und alle seine Kollegen (applauded).
4. Schluck freute sich, dass der Gast die lange Reise gut (endured) hatte.
5. Der Bruder des Chinesen will auch ein (Chinese) Restaurant (open).

30. Toms Abschied

Vor seiner Rückreise° nach Amerika spricht Tom noch einmal am Telefon mit Inge, die er in München kennengelernt hat.

 "Ja, ich bin's, Tom, auf dem Flugplatz!° Leider kann ich dich nicht mehr sehen. Ob ich mehr Deutsch gelernt habe? Ja, und ich wünschte, ich könnte noch ein Jahr hier bleiben. Dann hätte ich mehr Zeit mit dir zu verbringen, und ich könnte noch mehr Deutsch."

 "Bitte? Du wärst hierher gekommen, wenn ich dich früher angerufen hätte? Hätte ich es gekonnt, würde ich es getan haben! Aber ich war bis vor einer Stunde

Rückreise return trip

Flugplatz airport

85

noch auf der Abschiedsparty,° die mir Heckers gegeben
haben."

Abschiedsparty
farewell party

"Wer Heckers sind? Dr. Hecker war mein Deutsch-
lehrer hier. Seine Frau hatte mich am Telefon gefragt,
ob ich wüsste, wo sie wohnen. Sie sagte, dass es im
zweiten Stockwerk° des Hauses wäre, aber ich hatte
vergessen, dass es dasselbe ist wie in Amerika der
dritte Stock. Die alte Dame, die mir die Tür auf-
machte, sah mich an, als ob ich verrückt° wäre, als
ich sagte, ich käme wegen der Party . . ."

Stockwerk floor

verrückt crazy

"Ja, schliesslich kam ich bei Heckers an. Es schien
mir, als hätte ich ganz vergessen, wie man sich in
Deutschland benimmt.° Ich küsste der jungen Frau,
die mir den Mantel abnahm, die Hand, aber sie war
nicht die Gastgeberin, sondern ihre Haushilfe . . .
Oh, eure deutschen Sitten! Tschüss,° Inge. Es wäre
fein, wenn du mich auch einmal besuchen könntest!"

(sich) **benehmen**
to behave

tschüss (slang)
bye

I. Answer the following questions in complete German sentences.
1. Woher kennt Tom Inge, mit der er telefoniert?
2. Was hätte er getan, wenn er mehr Zeit gehabt hätte?
3. Was wünschte Tom?
4. Was könnte er dann noch mehr?
5. Was hätte Inge getan, wenn Tom sie früher angerufen hätte?
6. Was hatte Frau Hecker ihn am Telefon gefragt?
7. In welchem Stockwerk, sagte sie, wäre ihre Wohnung?
8. Wie sah die alte Dame Tom an?
9. Wie schien es Tom, als er bei Heckers ankam?
10. Wem küsste er die Hand anstelle der Gastgeberin?

II. Questions for written or oral expression:
1. Wie spricht man mit jemandem, wenn diese andere Person in einer
   anderen Stadt ist?
2. Was würde man in Amerika für "siebter Stock" sagen?
3. Was ist "fifth floor" in Deutschland?
4. Was kann ein Besucher in Deutschland leicht vergessen?

5. Was tun manche Gäste in Deutschland, wenn sie von der Gastgeberin begrüsst werden?

III. Complete the sentences in column A with the proper segment of column B.

A	B
1. Tom wünschte, er könnte noch ein Jahr	a. verrückt wäre.
2. Inge wäre gekommen, wenn er sie früher	b. besuchen könnte.
	c. angerufen hätte.
3. Die Dame sah Tom an, als ob er	d. hier bleiben.
4. Er sagte, dass er wegen der Party	e. käme.
5. Es wäre fein, wenn Inge Tom auch einmal	

1. Hamburger und Weisswurst

I. Vocabulary Exercises

A. **Cognates** are words that are spelled similarly in German and English or that have a similar root or element in both languages. **Mann** is a cognate of man.

Form German cognates from the following English words giving the definite article of each noun.

1. America
2. beer
3. field
4. drink
5. good
6. cannibal
7. mean
8. murmur
9. glass
10. problem

B. **Antonyms** are words which have opposite meanings. Give the antonyms of the following words.

1. heiss
2. schwarz
3. gut
4. fragen
5. teuer

II. Structures

A. Choose a word or phrase which correctly completes the sentence. Refer to the story for the correct structures.

Model: Inge ist _____ München.
Inge ist aus München.

1. "Herr _____, ein Wiener Schnitzel, bitte."
2. Tom ist nicht _____ Deutschland.
3. Inge sagt nicht "Guten Tag," sondern "_____".
4. Tom und Inge treffen _____ im Gasthaus.
5. Das Kalbfleisch ist gut, aber _____.
6. Was ist, _____ Beispiel, ein Mass?
7. Ein Stein ist hier nicht _____ wie in Amerika.
8. "Drei Könige" ist ein _____ in München.

89

9. Was es zu essen gibt, kann man auf der _____ finden.

10. Er hebt das Glas und sagt: "_____".

B. Form questions out of the following sentences.

1. Kalbfleisch ist sehr teuer.
2. Inge möchte Weisswurst bestellen.
3. Das Gasthaus liegt in der Altstadt.
4. Bratwurst und Bier sind billig.
5. Tom setzt sich an den Tisch.

III. Verb Exercises

A. Complete the sentences.

Tom hat Hunger.
Ich _____.
Wir _____.
Ihr _____.
Du _____.

Inge und Tom sind im Gasthaus.
Inge _____.
Ihr _____.
Du _____.
Ich _____.

Wir lachen laut.
Der Ober _____.
Die Leute _____.
Du _____.

Tom und der Ober fragen viel.
Inge _____.
Du _____.
Wir _____.
Ihr _____.

B. Using the infinitive in parentheses, complete the sentences with the correct form of the present tense.

1. Der Kellner _____ sich an den Tisch. (setzen)
2. Was _____ du? (meinen)
3. Ich _____ mir ein Wiener Schnitzel. (bestellen)
4. Ihr _____ wieder nach München. (kommen)
5. Die Leute in Amerika _____ viel Wasser. (trinken)
6. Herr Müller _____ ein Glas Bier. (haben)
7. Frau Braun, _____ Sie Deutsch? (verstehen)
8. Ich _____ das ist billig. (sagen)
9. Die Speisekarte _____ auf dem Tisch. (liegen)
10. Wir _____ gern in Deutschland. (sein)

2. Der, Die, oder Das?

Vocabulary Exercise

Cognates: Give the German cognate (with the proper article) of the following words.

1. bus	8. mouse
2. article	9. house
3. auto	10. mouth
4. sofa	11. Spanish
5. lamp	12. nose
6. logical	13. man
7. logic	

II. **Structures**

A. Choose a word or phrase that correctly completes the sentence. Refer to the story for the correct structures.

1. Die Jungen fahren _____ Bus.
2. Paul steigt _____ der Ecke aus.
3. Im Zoo kann man viele _____ finden.
4. _____ (stop) Deutsch zu sprechen!
5. Wir haben _____ (more than) eine Lampe im Haus.
6. Das Pferd läuft _____ (exactly) so schnell wie der Affe.
7. Deutsch hat mehr Artikel als Englisch, _____ ist es schwerer.
8. Französisch ist so leicht _____ Spanisch.
9. Franz ist _____ gross wie Otto.
10. _____ gibt viel Möbel im Geschäft.

B. Fill in the correct form of **derselbe** (the same).

1. Müllers haben _____ Tisch.
2. Schusters haben _____ Lampe.
3. Schmidts haben _____ Haus.
4. Der Zoo hat _____ Tiere.
5. Dieses ist _____ Affe.

III. Grammatical Exercises

A. Definite Article: Supply the correct definite article.

1. _____ Mann sitzt im Bus.
2. _____ Bus fährt schnell.
3. _____ Frau kommt in dem Auto.
4. Siehst du _____ Strassenbahn?
5. _____ Sofa ist neu.
6. Müllers haben _____ Hahn gegessen.
7. Hans hat _____ Auto gekauft.
8. _____ Affe lacht immer.
9. Wo ist _____ neue Turm?
10. _____ Blume wächst hinter dem Haus.
11. Er kauft _____ Tisch.
12. Er tötet _____ Huhn.
13. _____ Ecke ist nicht weit von hier.
14. In der Hauptstrasse ist _____ neue Möbelgeschäft.
15. Er trägt _____ Baum auf die Strasse.
16. Kannst du _____ Mauer sehen?
17. _____ Nase ist rot, weil es kalt ist.
18. _____ Auge ist ein wichtiges Organ.
19. Er sieht _____ grosse Schaufenster.
20. _____ Mund des Mannes ist gross.

B. Indefinite Article: Supply the proper indefinite article.

1. _____ Maus ist ein kleines Tier.
2. In der Deutschklasse lernen sie, was _____ Fürwort und _____ Artikel sind.
3. Jetzt kommen _____ Bus, _____ Auto und _____ Strassenbahn.
4. Der Affe hat _____ Nase, _____ Mund und _____ Auge.
5. In der Ferne sehe ich _____ Turm und _____ Mauer.
6. Sie bringen mir _____ Tisch, _____ Lampe, _____ Sofa und _____ Pferd.

C. Personal Pronouns: Substitute the nouns with personal pronouns.

1. Der Mann sieht den Bus.
2. Der Affe frisst eine Blume.
3. Der Kellner bringt das Huhn.
4. Das Auge kann die Nase, aber nicht den Mund sehen.
5. Das Auto überholt die Strassenbahn.
6. Ein Tisch steht in dem Möbelgeschäft.
7. Der Baum ist natürlich grösser als die Blume.
8. Die Schule hat einen Turm
9. Das Pferd hat die Mauer nicht gesehen.
10. Wir wissen, was ein Artikel ist.

3. Luigis Problem

Vocabulary Exercises

A. **Cognates:** Give the German cognate with the proper article.

1. hello
2. to stop
3. word
4. name
5. telephone
6. rest
7. place

B. **Antonyms:** Match these words of opposite meaning.

A	B
1. richtig	a. die Postkarte
2. die Ausfahrt	b. der Feind
3. die Frau	c. der Mann
4. der Brief	d. falsch
5. der Freund	e. die Einfahrt
	f. die Landkarte

C. Complete the sentence with an appropriate word from the story.

1. Luigi _____ sein Motorrad.
2. Er versteht _____ gut Deutsch.
3. Köln, Essen und Bochum kann er auf der _____ finden.
4. Auf diesem _____ steht "Ausfahrt".
5. Ich verstehe nicht ein Wort, sondern viele _____.
6. Wenn man müde vom Fahren ist, macht man eine

   _____.
7. Die Frau an der _____ gab ihm eine Karte.
8. Auf diesem Schild _____ "Rastplatz".
9. Luigi ist _____ in der BRD.
10. Luigi fährt auf der richtigen _____.

II. **Structures**

A. Make sentences of the following groups of words.

1. Er weiss/wo/nicht/er ist.

95

2. sie/spricht/gut Deutsch/ziemlich?

3. einen anderen/das Schild/zeigt/Namen.

4. Ich weiss/nach/den Weg/Köln.

5. nicht/weit/es/von Köln/ist.

III.　Grammatical Exercises

A.　Cases: Supply the definite article.

1. _____ Gastarbeiter gibt _____ Frau _____ Landkarte.

2. Dieses ist _____ richtige Autobahn.

3. Er sagt _____ Namen _____ Städte.

4. _____ Freund liest _____ Brief.

5. _____ Schulkinder haben _____ erste Pause.

6. Ich kaufe _____ Landkarte.

7. _____ Name _____ Gastarbeiters ist Luigi.

8. Hat _____ Sohn _____ Wagen gewaschen?

9. _____ Geschäft _____ Eltern hat _____ neuen Lampen.

10. Jetzt stoppen _____ Bus und _____ Motorrad.

B.　Supply the indefinite article.

1. Er zeigt _____ Kellner _____ Speisekarte.

2. Auf der Reise finden wir _____ Telefon, _____ altes Motorrad, _____ Tankstelle und _____ Ausfahrt.

3. Wo kann man _____ Gasthaus finden?

4. Unsere Stadt hat _____ Zoo.

5. _____ Pferd kann man nicht im Zoo finden.

6. Wo ist _____ Schild?

7. Ich habe _____ Hunger.

8. Der Vater kauft _____ Sofa.

9. _____ Freund bestellt _____ Bier.

10. Neben dem Rastplatz ist _____ Feld.

C.　Possessive Adjectives: singular. Supply the correct form of the possessive adjective.

1. (my) Das ist _____ Freund, _____ Landkarte,
_____ Buch, das sind _____ Tiere.
2. (your, fam.) Das ist _____ Freund, _____ Landkarte, _____ Buch, das sind _____ Tiere.
3. (your, formal) Das ist _____ Freund, _____
Landkarte, _____ Buch, das sind _____ Tiere.
4. (his) Das ist _____ Freund, _____ Landkarte,
_____ Buch, das sind _____ Tiere.
5. (her) Das ist _____ Freund, _____ Landkarte,
_____ Buch, das sind _____ Tiere.
6. (my) Ich habe _____ Brief, _____ Postkarte,
_____ Schild, _____ Speisekarten.
7. (your, fam.) Ich habe _____ Brief, _____ Postkarte, _____ Schild, _____ Speisekarten.
8. (your, formal) Ich habe _____ Brief, _____
Postkarte, _____ Schild, _____ Speisekarten.
9. (his) Ich habe _____ Brief, _____ Postkarte,
_____ Schild, _____ Speisekarten.
10. (her) Ich habe _____ Brief, _____ Postkarte,
_____ Schild, _____ Speisekarten.
11. (my) Er gibt es _____ Vater, _____ Mutter,
_____ Mädchen, _____ Lehrern.
12. (your, fam.) Er gibt es _____ Vater, _____
Mutter, _____ Mädchen, _____ Lehrern.
13. (your, formal) Er gibt es _____ Vater, _____
Mutter, _____ Mädchen, _____ Lehrern.
14. (his) Er gibt es _____ Vater, _____ Mutter,
_____ Mädchen, _____ Lehrern.
15. (her) Er gibt es _____ Vater, _____ Mutter,
_____ Mädchen, _____ Lehrern.
16. (my) Das ist das Buch _____ Bruder, _____
Schwester, _____ Kind, _____ Eltern.
17. (your, fam.) Das ist das Buch _____ Bruder,
Schwester, _____ Kind _____ Eltern.
18. (your, formal) Das ist das Buch _____ Bruder,
_____ Schwester, _____ Kind, _____ Eltern.

19. (his) Das ist das Buch _____ Bruder, _____
Schwester, _____ Kind, _____ Eltern.
20. (her) Das ist das Buch _____ Bruder, _____
Schwester, _____ Kind, _____ Eltern.

4. Ein schöner Urlaub

I. Vocabulary Exercises

A. Cognates: Give the German cognate and definite article for these English nouns.

1. summer	6. son
2. neighbor	7. daughter
3. sea	8. family
4. father	9. friend
5. mother	10. Monday

B. Synonyms: Find synonyms from the story for these expressions.

1. das Auto waschen
2. über die Strasse gehen
3. leise sprechen
4. Es ist unsere Karte.
5. an die See fahren

II. Structures

A. Supply the correct preposition.

1. Die Familie reiste _____ die Nordsee.
2. Der Nachbar winkte _____ Abschied.
3. Sie fahren _____ Hamburg.
4. Wir sind heute _____ Hause.
5. _____ Abend waren sie am See.

B. Form sentences with the groups of words by rearranging them.

1. war/nass/der Sohn/plötzlich.
2. sagte/"Gute Reise"/der Nachbar.
3. deinem Freund/die Landkarte/gehörte.
4. ist/das Auto/schmutzig/noch.
5. zum/wer/Abschied/winkte?

III. Grammatical Exercises

A. Past Tense: Change these sentences to the past tense.

1. Sie sagen nichts.
2. Ich suche die Landkarte.
3. Frau Müller reist nach Hamburg.
4. Wir reichen ihm den Schwamm.
5. Die Kinder antworten laut.
6. Vater brummt immer.
7. Das Kind winkt lange.
8. Der Schlauch gehört mir.
9. Die familie wäscht den Wagen.
10. Die Jungen spritzen das Zelt nass.
11. Was meinst du?
12. Sie fragen viel.
13. Startet ihr das Auto?
14. Herr Müller kreuzt die Strasse.
15. Herr Müller, was fragen Sie?
16. Mutter packt das Zelt ins Auto.
17. Du murmelst so viel.
18. Hans und Luise setzen sich auf das Sofa.
19. Ich bestelle ein Bier.
20. Franz hustet oft.

B. Imperative: Give the three imperative forms of the following verbs.

Model: gehen—Gehen Sie! Geh(e)! Geht!

1. winken	6. antworten
2. reisen	7. bestellen
3. kommen	8. trinken
4. spritzen	9. sein
5. geben	10. haben

C. Give the proper response to the following commands.

1. Sagen Sie Willi, er soll das Auto waschen!
2. Sagen Sie Frau Schmidt, sie soll nichts sagen.

3. Sagen Sie Frau Müller und Frau Schmidt, sie sollen die Speisekarte lesen.

4. Sagen Sie Willi und Franz, sie sollen mit dem Bus fahren.

5. Sagen Sie mir, ich soll auf diesem Sofa sitzen.

6. Sagen Sie Luise, sie soll die Landkarte suchen.

7. Sagen Sie Ihrer Freundin, sie soll die Landkarte suchen.

8. Sagen Sie Paul, er soll ins Gasthaus gehen.

9. Sagen Sie Ihrem Vater, er soll den Schwamm reichen.

10. Sagen Sie dem Lehrer, er soll nach Deutschland reisen.

D. Supply the German form of the possessive adjective in parentheses.

1. Luigi ruft _____ (his) Freund an.

2. Wann wirst du _____ (our) Essen kaufen?

3. Ich habe _____ (my) Vater den Brief vorgelesen.

4. Hast du _____ (your) Bücher vergessen?

5. Sie sehen _____ (their) Lehrerin.

6. Der Kellner bringt _____ (my) Mutter die Speisekarte.

7. Er trinkt _____ (their) Bier.

8. Herr Müller, wo ist _____ (your) Haus?

9. Paul und Brigitte, ist der Mann _____ (your) Nachbar?

10. Mutter sucht _____ (her) Zelt.

11. Das ist die Zeitung _____ (our) Stadt.

12. Herr Braun und Herr Weiss, haben Sie _____ (your) Tisch.

13. Ist das die Tankstelle _____ (your) Bruder__, Herr Boll?

14. Das Geschäft _____ (her) Freunde ist an der Ecke.

15. Das Kind sucht _____ (our) Pferde.

5. Die guten alten Zeiten

Vocabulary Exercises

A. Cognates: Give the German cognate with the article.

1. old
2. radio
3. loud
4. year
5. station

6. price
7. to win
8. coffee
9. to sing
10. garden

B. Antonyms: Match these words of opposite meaning.

1. jünger
2. ruhig
3. sioppen
4. damals
5. erheben

a. setzen
b. beginnen
c. jetzt
d. älter
e. laut

C. Synonyms: Find synonyms from the story for these expressions.

1. ein bisschen trinken
2. zusammen sprechen
3. früher
4. jetzt
5. beim Kaffee trinken
6. sprechen

II. Structure

Supply a suitable word from the story.

1. Die Schwester meines Vaters ist meine _____.
2. Der Sohn meines Bruders ist mein _____.
3. Sie sass _____ (outside) im Garten.
4. Es gab früher kein Radio und kein _____.
5. Sie unterhielten sich _____ das Wetter.
6. Sie trinkt den Kaffee aus einer _____.

7. In einer _____ ist viel Platz für Kaffee.
8. _____ du dich? (remember)
9. Sie sprachen über die _____.
10. Wenn man am Telefon spricht, dann macht man _____.
11. Er sagt das ist richtig, oder er _____ es.
12. Wenn etwas kaputt ist, dann wirft man es in _____.
13. Ein Wagen, den ein Pferd zieht, ist _____.
14. Früher hatten die Leute viel _____.
15. Wir hatten vor _____ mehr Ruhe.

III. Grammatical Exercises

A. Past Tense: Change these sentences with strong verbs to the past tense.

1. Es ist zu laut.
2. Wir finden die Strasse nicht.
3. Die Kinder rufen.
4. Ich werfe den Ball.
5. Die Leute erheben sich.
6. Gewinnst du ein neues Auto?
7. Der Junge schreit immer.
8. Fräulein Isolde, gehen Sie zum Kaffeeklatsch?
9. Wisst ihr, wie er heisst?
10. Die Tante ruft den Neffen.
11. Wann beginnt das Radioprogramm?
12. Wir sitzen im Garten.
13. Ich trinke eine Tasse Kaffee.
14. Die Mutter hebt die Kaffeekanne.
15. Die Tanten unterhalten sich lange.
16. Wir haben keine Kutsche.
17. Der Kellner kommt schnell.
18. Es gibt heute keinen Kaffee.
19. Du sprichst nie laut.
20. Versteht ihr die Musik?

B. Supply the comparative and superlative forms of the following adjectives.

1. schnell	6. laut
2. schön	7. schmutzig
3. früh	8. jung
4. ruhig	9. alt
5. neu	10. gut

C. Comparative and superlative: Fill in the correct form in these sentences.

1. Müllers Haus ist _____ (larger) als unser Haus.
2. Schmidts Haus ist aber _____ (the largest).
3. Meine Schwester ist _____ (the youngest).
4. Diese Blume ist _____ (prettier).
5. Meine Mutter ist _____ (the best).
6. Pauls Auto fährt _____ (fast).
7. Peters Auto fährt _____ (faster).
8. Er spricht _____ (better) Deutsch als ich.
9. Mein Mann ist _____ (older) als ich.
10. Mutter steht _____ (the earliest) auf.

6. Bockbier und Bratwurst

I. **Vocabulary Exercise**

Match the words or phrases of column A with the words of similar meaning in column B.

A	B
1. Hilfe	a. Spass haben
2. fast alle	b. Bock
3. meinen	c. schwindelig sein
4. zusammenkommen	d. zum Schluss
5. Bier	e. Rettung
6. alles dreht sich	f. bestellen
7. am Ende	g. die meisten
8. nicht leicht	h. bedeuten
9. etwas verlangen	i. schwer
10. sich amüsieren	j. sich treffen

II. **Structures**

A. Choose a word or phrase from the story which correctly completes the sentence.

1. Sie sind auf das _____ rad gegangen.
2. Wir haben viel Spass _____.
3. Ich habe ihn _____ (first) gesehen.
4. Sie haben _____ im Gasthaus getroffen.
5. Er ist immer _____ schwindelig.
6. 7. Wie hat es dir _____ dem Oktober _____ gefallen?
8. _____ Schluss hat er gegessen.
9. Bier kann man in einem _____ kaufen.
10. Man kann englische und deutsche Wörter im _____ finden.

B. Make sentences out of the following words.

1. ihn/ich habe/wieder/verstanden/nicht.
2. los/was/ist?

3. schwer/es ist/noch/immer.

4. Was/gemacht/er/hat/dann?

5. Es/auf/schön/dem Fest/ist/gewesen.

III. Grammatical Exercises

A. Change the following sentences to the present perfect tense.

1. Auf dem Oktoberfest ist es schön.
2. Sie fragen immer viel.
3. Verstehst du Deutsch?
4. Trinkt ihr Bockbier?
5. Die Leute finden das Zelt nicht.
6. Er nimmt das Wörterbuch.
7. Wir gehen über die Strasse.
8. Ich habe immer Hunger.
9. Der Neffe kommt am Montag.
10. Herr Schmidt bekommt keine Landkarte.
11. Du isst immer noch?
12. Paul macht nichts.
13. Luigi fährt auf der Autobahn.
14. Was bedeutet dieses Wort?
15. Heute beginnt das Radio mit Musik.

B. Coordinating conjunctions: Connect the following pairs of sentences by using the indicated conjunction.

1. (und) Tom geht auf das Oktoberfest. Er trinkt Bier.
2. (aber) Inge hat grossen Hunger. Sie isst nichts.
3. (denn) Tom hat viel Spass gehabt. Er hat etwas Deutsch verstanden.
4. (sondern) Der Amerikaner trinkt nicht Bockbier. Er isst Bratwurst.
5. (oder) Tom geht vielleicht auf das Riesenrad. Er setzt sich ins Bierzelt.

C. Subordinating conjunctions: Connect the following pairs of sentences by using the indicated conjunction.

1. (als) Tom ist ins Bierzelt gegangen. Er hatte Durst.
2. (wann) Tom antwortete mir nicht. Er kommt nach Hause.
3. (weil) Die meisten Leute sprechen hier Deutsch. Sie sind nicht Amerikaner.
4. (während) Er hat viel Bier getrunken. Er hat das Buch gelesen.
5. (ob) Er fragte mich gestern. Du bist nach München gefahren.

D. Coordinating and subordinating conjunctions: Connect the following pairs of sentences by using the indicated conjunction.

1. (wie) Peter hat mir gestern gesagt. Das Riesenrad macht schwindelig.
2. (und) Die Familie hatte Urlaub. Sie fuhr mit dem Auto an die Nordsee.
3. (bis) Sie bleiben an der Nordsee. Der Urlaub ist zu Ende.
4. (wann) Der Nachbar wollte mir schreiben. Die Tante im Radio spricht.
5. (oder) Waren sie auch im Wald? Haben Sie den ganzen Urlaub am See verbracht?
6. (denn) Karl hatte keine Karte. Er hat sie dem Freund gegeben.
7. (dass) Du weisst ja. Das Kind weint viel.
8. (weil) Wir hatten viel Spass. Das Wetter war sehr schön.
9. (aber) Der Wald war kühl. Sie hatten viel Mücken.
10. (während) Sie sahen viele Fische. Sie waren an der See.

7. Ein kleiner Irrtum

I. **Vocabulary Exercises**

A. **Antonyms:** Match these words of opposite meaning.

1. vorgehen   a. schnell
2. tief   b. leicht
3. einschlafen   c. schon
4. erst   d. aufwecken
5. langsam   e. nachgehen

B. **Synonyms:** Find words of the same or similar meaning in the story.

1. aufgeregt sein
2. der Fehler
3. lachen
4. die Uhr
5. sehen

II. **Structures**

A. Choose a word or phrase which correctly completes the sentence. Refer to the story.

1. Paul _____ immer, weil er müde ist.
2. Wir kommen in 15 Minuten oder in einer _____ Stunde.
3. Gestern _____ (evening) haben wir viel Spass gehabt.
4. _____ (this) morgen kommt er.
5. Paul sagt: "Wir haben nicht viel Zeit." Aber Inge antwortet: "Wir haben _____ viel Zeit."
6. _____ spät ist es?
7. Wieviel _____ ist es?
8. Eine Uhr hat zwei _____.
9. Er legte sich ins Bett und _____ gleich ein.
10. Steh _____!

B. Rewrite these expressions in German.

1. The clock is fast.
2. The clock is slow.
3. He comes at 7:30.
4. I set the alarm clock ahead.
5. I set the watch back.

C. Give the complete answer.

1. $1 + 5 =$
2. $530 + 10\,400 =$
3. $33 + 8 =$
4. $23 - 9 =$
5. $109\,756 - 24 =$

6. $8 \times 7 =$
7. $30 \times 4 =$
8. $40 \div 5 =$
9. $3\,529\,407 - 6 =$
10. $44\,000 \div 100 =$

D. Give the conversational German.

1. 8.30
2. 11.00
3. 9.45
4. 10.15
5. 3.55

6. 5.35
7. 7.05
8. 12.30
9. 1.00
10. 1.25

III. Grammatical Exercises

A. Supply the past perfect form of **haben**.

Ich _____ gut geschlafen.

Du _____ gut geschlafen.

Herr Braun, Sie _____ gut geschlafen.

Er _____ gut geschlafen.

Wir _____ gut geschlafen.

Ihr _____ gut geschlafen.

Herr Braun und Herr Schmidt, Sie _____ gut geschlafen.

Paul und Hans _____ gut geschlafen.

Luise _____ gut geschlafen.

B. Supply the past perfect form of **sein.**

Ich _____ ins Bett gegangen.

Du _____ ins Bett gegangen.

Er _____ ins Bett gegangen.

Paul und Franz _____ ins Bett gegangen.

Wir _____ ins Bett gegangen.

Ihr _____ ins Bett gegangen.

Herr Schmidt, Sie _____ ins Bett gegangen.

C. Rewrite these sentences in the past perfect tense.

1. Er sagt nichts.
2. Ich bin müde.
3. Weckst du mich auf?
4. Sie werden so nervös.
5. Paul geht ins Kino.
6. Wann schlaft ihr ein?
7. Ich habe den Freund getroffen.
8. Wir haben viel Zeit.
9. Sie haben das Kind eingeladen.
10. Es gibt Arrest.

D. Adverb: Choose the most suitable adverb for each of the following sentences.

> später   schwindelig   schön   schwer   erst
> gern   tief   langsam   nervös   fröhlich   aufgeregt
> zuerst

1. Deutsch ist _____ für ihn.
2. Auf dem Oktoberfest ist es _____ gewesen.
3. Tom ist auf dem Riesenrad _____ geworden.
4. Wir trinken Bier _____.
5. Das Auto fährt _____.
6. Der Brief kam _____ gestern.
7. Ich sah das Bierzelt _____.
8. Das Kind schläft _____.
9. Wenn sie _____ ist, kann sie nicht Französisch sprechen.
10. _____ haben sie im Gasthaus gegessen.

8. Blick in die Zukunft

Vocabulary Exercises

A. **Cognates:** Give the German cognate with the correct article.

1. genius	6. year
2. talent	7. born
3. intelligence	8. address
4. June	9. horoscope
5. date	10. astrologer

B. **Synonyms:** Find words of the same or similar meaning in the story.

1. lügen	6. wider
2. nicht weit sehen können	7. scheu
3. ein Stück Papier	8. zur Welt kommen
4. ansehen	9. 12 Monate
5. leise sprechen	10. 30 Tage

II. Structures

A. Complete the sentence with a suitable word from the story.

1. Meine Schwester ist so alt wie ich, sie ist mein _____.
2. _____ sind Sie geboren?
3. Ich bin im _____ 1940 geboren.
4. Amalie glaubt _____ die Sterne.
5. _____ (some) Astrologen schwindeln.
6. Er muss _____ haben, weil er nicht gut sehen kann.
7. Wenn man nicht weit sehen kann, dann ist man _____.
8. Nicht jeder Mensch hat das gleiche _____.
9. In der Zukunft wird Amalie noch mehr _____ haben.
10. Ein Genie hat _____ und _____.

B. Ordinal numbers: Give these expressions in German.

1. the first	6. the eighth
2. the second	7. the eleventh
3. the third	8. the seventeenth
4. the fourth	9. the twenty-first
5. the seventh	10. the hundredth

III. **Grammatical Exercises**

A. Give the correct forms of **werden.**

ich _____ wir _____

du _____ ihr _____

Sie _____ sie _____

er _____

B. Future Tense: Change the following sentences to the future.

1. Ich glaube das nicht.
2. Du besuchst ihn zum zweiten Mal.
3. Er findet das Haus gleich.
4. Wir sind in der Schule.
5. Habt ihr Talent?
6. Das Bild gefällt mir.
7. Amalie kommt nach Hause.
8. Die Leute wissen alles.
9. Zeigst du auf die Wand?
10. Das Kind lügt immer.

C. Prepositions with the Accusative: Complete the following sentences with the correct article or possessive pronoun ending.

1. Ohne _____ Freund kann er nichts machen.
2. Er schaut durch _____ Brille.
3. Der Astrologe kommt um _____ Rathaus.
4. Die Kinder laufen durch uns _____ Haus.
5. Wir kaufen ein Buch für uns _____ Neffen.
6. Der Hund läuft gegen _____ Wand.

7. Sie wollten nicht wider ihr ＿＿＿＿ Willen gehen.
8. Wir fuhren um ＿＿＿＿ Altstadt.
9. Sprichst du gegen dein ＿＿＿＿ Freund?
10. Sie kam ohne ＿＿＿＿ Zettel.

9. Wie man kein Millionär wird

I. Vocabulary Exercises

A. **Cognates:** Give the German cognate with the correct article.

1. percent
2. bank
3. rest
4. for

5. thousand
6. regular
7. millionaire
8. all

B. **Synonyms:** Match the words of the same or similar meaning.

1. die Information
2. die Bank
3. 3 Monate
4. 100 Pfennig
5. ein bisschen
6. herausnehmen
7. denken
8. machen
9. bekommen
10. ernst

a. das Vierteljahr
b. feierlich
c. überlegen
d. die Sparkasse
e. abheben
f. tun
g. die Auskunft
h. erhalten
i. etwas
j. die Mark

II. Structures

A. Fill in a suitable preposition.

1. _____ der Bank bekommt man sieben Prozent.
2. Ich möchte Sie _____ eine Auskunft bitten.
3. Er legte das Geld _____ sein Sparkonto.
4. Die Zinsen darf man _____ Strafe abheben.
5. _____ zweijähriger Kündigung erhält man sechs einhalb Prozent.

B. Fractions: Write out these fractions in German.

1. 1/4
2. 1/2
3. 3/4
4. 1/3
5. 2/3

6. 1/10
7. 7/8
8. 3/12
9. 44/100
10. 9/33

114

III. Grammatical Exercises

A. Present tense modal auxiliaries: Fill in the correct form of the auxiliary verb.

können

ich _____	wir _____
du _____	ihr _____
Sie _____	
er _____	sie _____

dürfen

ich _____	wir _____
du _____	ihr _____
Sie _____	
er _____	sie _____

müssen

ich _____	wir _____
du _____	ihr _____
Sie _____	
er _____	sie _____

wollen

ich _____	wir _____
du _____	ihr _____
Sie _____	
er _____	sie _____

sollen

ich _____	wir _____
du _____	ihr _____
Sie _____	
er _____	sie _____

möchten, mögen

ich _____	wir _____
du _____	ihr _____
Sie _____	
er _____	sie _____

B. Rewrite the sentence using the auxiliary verb given.

1. (wollen) Mein Freund spart sein Geld.
2. (können) Ich sehe die Bank.
3. (können) Ihr hebt das Geld ab.
4. (müssen) Wir zahlen keine Strafe.
5. (dürfen) Du überlegst es dir gut.
6. (möchten) Sie haben die Zinsen.
7. (sollen) Die Kündigung ist gut.
8. (wollen) Paul und Horst werden Millionäre.
9. (dürfen) Robert nimmt das Sparbuch.
10. (müssen) Du gibst mir acht Mark.

C. Past tense auxiliary verbs: Rewrite the sentences in the past tense.

1. (müssen) Er bittet um Auskunft.
2. (müssen) Zahlt ihr tausend Mark ein?
3. (sollen) Wir gehen zur Sparkasse.
4. (sollen) Du behälst dein Kapital.
5. (können) Die Bank zahlt 6 Prozent.
6. (können) Die Leute überlegen nicht lange.
7. (wollen) Er gibt seine Kündigung.
8. (mögen) Ich sehe das Mädchen.
9. (dürfen) Das Fräulein fährt in die Altstadt.
10. (dürfen) Du siehst den Turm manchmal.

D. Dative and accusative prepositions: Supply the correct definite article or possessive pronoun.

1. Der Park liegt gegenüber d_____ Sparkasse.
2. Er spart das Geld für sein _____ Kind.
3. Seit d_____ Tag ist er Millionär.
4. Bei mein _____ Bank erhalte ich sieben Prozent.
5. Mit sein _____ Zinsen kauft er ein Auto.
6. Ich weiss nichts von dein _____ Sparkonto.
7. Er spricht Spanisch mit d_____ Gastarbeiter.
8. Das Kind läuft um uns _____ Zelt.

9. Nach d_____ Urlaub fährt er nach Hause.
10. Ich bleibe gern bei eur _____ Freund.
11. Er sagt nichts gegen d_____ Strafe.
12. Er fährt zu sein _____ Tante.
13. Aus mein _____ Mann wird kein Millionär.
14. Wir gehen durch d_____ Bank.
15. Ich sitze dein _____ Neffen gegenüber.

10. Erdkunde-Unterricht

I. Vocabulary Exercises

A. Cognates: Give the German cognate with the correct article.

1. sun	6. ocean	11. under	16. mass
2. doctor	7. America	12. the best	17. water
3. axel	8. Africa	13. Atlantic	18. world
4. pole	9. Poland	14. often	19. earth
5. land	10. continent	15. more	20. coast

B. Synonyms: Match these words of the same meaning.

1. entdecken	a. geschehen
2. überlegen	b. verändern
3. kaputt machen	c. besinnen
4. passieren	d. erkennen
5. wechseln	e. zerstören

C. Synonyms: Find words with the same or similar meaning in the story.

1. die See
2. die Geographie
3. die Lektion
4. die Welt
5. untergehen

D. Antonyms: Find words of opposite meaning in the story.

1. der Norden
2. das Land
3. die Vergangenheit
4. über
5. steigen

II. Structures

Make sentences out of the following groups of words.

1. es/ist/geschehen/oft?

2. mehr/Wasser/es/Land/als/gibt?
3. die Zukunft/in/sehen/wer kann?
4. die Küsten/zerstören/die Ozeane.
5. Er/einer/der besten/Schüler/war.

III. Grammatical Exercises

A. Verbs with inseparable prefixes: Change the following sentences to the present tense.

1. Das Kind verlief sich im Park.
2. Beantwortetest du die Frage?
3. Entdeckte Columbus Amerika?
4. Bedeckten die Arbeiter die Blumen?
5. Der Sturm zerstörte das Rathaus.
6. Was geschah am Abend?
7. Wir betrachteten den Ozean.
8. Die Landmasse veränderte sich in einem Jahr.
9. Der Gastarbeiter verstand kein Deutsch.
10. Erkanntet ihr die Küste?

B. Change the following sentences to the present perfect tense.

1. Die Kinder staunen über die Geschenke.
2. Der Kontinent besteht aus Land und Wasser.
3. Er besinnt sich an nichts.
4. Das Boot versinkt im Meer.
5. Wir erraten ihren Namen.
6. Der Unterricht beginnt um neun.
7. Die Tanten gewinnen ein Radio.
8. Wir unterhalten uns gern über die Raumforschung.
9. Ich erhebe mich und gehe nach Hause.
10. Er verabredet sich mit dem Mädchen.

C. Prepositions with dative or accusative: Complete the following sentences.

1. Der Turm steht an d_____ Küste, an d_____ Meer.

2. Die Karte liegt auf d_____ Pult, auf d_____ Tisch.

3. Der Professor steht vor d_____ Wand, vor mein _____ Auto.

4. Das Feld liegt zwischen d_____ Auto, und d_____ Baum.

5. Der Mann fährt an d_____ Ozean, an d_____ Küste.

6. Das Kind läuft hinter d_____ Haus, d_____ Schule.

7. Er springt in d_____ Wasser, d_____ Kutsche.

8. Das Buch lag neben d_____ Uhr, d_____ Zeigestock.

9. Der Bruder steigt auf d_____ Berg, auf d_____ Bett.

10. Das Huhn fliegt über d_____ Autobahn, über d_____ Rastplatz.

11. Das Auto fährt vor d_____ Bus, vor d_____ Tankstelle.

12. Die Sonne scheint über d_____ Zelt, über d_____ Ozean.

13. Das Buch liegt unter d_____ Zeitung, d_____ Baum.

14. Der Kaffee ist in d_____ Kanne, in d_____ Garten.

15. Die Uhr hängt über d_____ Tisch, über d_____ Bett.

11. Wasser ist zum Waschen da

I. **Vocabulary Exercises**

A. **Cognates:** Give the German cognate with the proper article.

1. when   6. water
2. lemonade   7. to wash
3. glass   8. to drink
4. room   9. to learn
5. card   10. cool

B. Match the words in column A with words from column B.

A	B
1. Getränk	a. das Glas
2. Wetter	b. die Kanne
3. Plätze, wo man	c. das Bier
essen kann	d. die Limonade
4. Gefäss (container)	e. die Tasse
	f. die Hitze
	g. das Gasthaus
	h. die Flasche
	i. die Kälte
	j. das Café

C. **Synonyms:** Find words with the same or similar meaning in the story.

1. weitersprechen
2. zurückkommen
3. wünschen
4. mit Wasser sauber machen
5. überrascht sein

II. **Structures**

Complete the sentences with a suitable word from the story.

1. _____ Himmelswillen!

2. Er braucht es nicht zum Waschen, _____ zum Trinken.
3. Die Kellnerin _____ die Limonade ins Glas.
4. Er lernt das Mädchen _____.
5. Sie _____ die Getränkekarte hin.
6. Sie _____ das Glas hin.
7. Es ist heiss, nicht _____?
8. Die Limonade kühlt gut _____.
9. Sie ging in das Café _____.
10. Sie kam aus dem Café _____.

III.   Grammatical Exercises

A. Separable Prefixes: Change the following sentences to the present perfect tense.

1. Geht er in den Garten hinein?
2. Ich lege das Buch hin.
3. Wir kehren am Samstag zurück.
4. Mutter giesst den Kaffee ein.
5. Sie lernen die Altstadt kennen.
6. Luise kommt um halb acht vorbei.
7. Fügst du nichts hinzu?
8. Der Zug kommt um 9 Uhr an.
9. Das Wasser kühlt gut ab.
10. Herr Müller nimmt den Hut ab.

B. Change these sentences to the past tense.

1. Ich werde etwas Kapital abheben.
2. Wir werden neunzig Mark einzahlen.
3. Er wird die Landkarte abholen.
4. Werdet ihr alleine aufwecken?
5. Die Uhr wird immer nachgehen.
6. Oskar wird den Zeiger zurückdrehen.
7. Schmidts werden uns nie einladen.
8. Wirst du vor dem Geschäft aussteigen?

9. Der Bus wird um die Stadt herumfahren.
10. Wir werden sofort aufhören.

C. Prepositions with the genitive and dative: Fill in the correct indefinite article or possessive pronoun.

1. Während uns _____ Urlaub _____ hatten wir gutes Wetter.
2. Das Gasthaus steht ausserhalb eur _____ Stadt.
3. Wegen sein _____ Neffe _____ konnte er nicht kommen.
4. Statt _____ Bier brachte sie Limonade.
5. Er wohnt jenseits mein _____ Geschäft _____.
6. Trotz sein _____ Talent _____ spielt er kein Instrument.
7. Das Auto steht diesseits ihr _____ Tankstelle.
8. Das Gasthaus steht gegenüber _____ Museum.
9. Er kommt inerhalb ein _____ Stunde.
10. Seit mein _____ Geburtstag habe ich ihn nicht gesehen.

12. Barbaras Überraschung

I. **Vocabulary Exercises**

A. **Cognates:** Give the German cognate with the correct article.

1. more
2. best
3. red
4. new
5. guest

6. catalog
7. model
8. price
9. to repair
10. to cost

B. **Antonyms:** Find words of opposite meaning in the story.

1. gross
2. alt
3. weinen

4. die Wolle
5. der Morgen

C. **Word formation:** By combining the stem of some verbs and the suffix, **-ung** nouns are formed. These nouns are always feminine. Make nouns out of the following verbs and give the meaning.

1. überraschen
2. erfahren
3. bewundern
4. spannen
5. forschen

6. verbinden
7. kündigen
8. retten
9. unterhalten
10. bestellen

D. All nouns ending with **-heit**, **-keit**, **-ung** and **-schaft**, are feminine. Insert the most suitable noun in the following sentences.

Befriedigung   Vergangenheit   Eigenschaft
Gesellschaft   Freundschaft   Sparsamkeit

1. Wir laden Hans und Luise ein, denn wir haben eine kleine _____ am Samstag.
2. Tante Isolde ist sehr alt und spricht nur immer über _____.
3. Man kann sehen, dass _____ zwischen Paul und Gretel gross ist; denn sie sind oft zusammen.

4. Er arbeitete schwer und lang an dem Tisch, aber es gab ihm viel _____.
5. Onkels Freundlichkeit ist seine beste _____.

II. Structures

Complete these sentences with a suitable word from the story.

1. Barbara hat mehr Erfahrung _____ Nähen als Erika.
2. Die Bluse ist kaputt, sie hat einen _____.
3. Sie kaufte _____ (everything) für das Kleid.
4. Ein anderes Wort für 'wider' ist _____.
5. Der Preis dieses Kleides ist hoch, aber jenes ist noch _____.
6. Sie hat das Kleid _____ Ausverkauf gekauft.
7. Das neue Auto _____ ihm viel Bewunderung.
8. Das Kleid kommt aus Paris, es ist ein _____ Modell.
9. Eine Bluse hat zwei _____.
10. Kleider kauft man nicht im Möbelgeschäft, sondern in _____ _____.

III. Grammatical Exercises

A. Adjectives: Supply the correct forms of the missing endings.

1. Hast du den rot _____ Stoff gekauft?
2. Dieses gross _____ Geschäft hat einen Ausverkauf.
3. In welchem gross _____ Ausverkauf hast du viel gekauft?
4. Müllers haben eine klein _____ Gesellschaft.
5. Ich habe manche alt _____ Schnittmuster in den Abfall geworfen.
6. Die neu _____ Freundin von Paul ist blond.
7. Jene blau _____ Bluse ist teuer.

8. Die Überraschung solcher gut _____ Freunde war gross.

9. Sie hat den ganz _____ Abend genäht.

10. Die erst _____ Gäste kamen um acht Uhr.

B. Supply the correct form of the "**der** word" and adjective.

1. Der Bus stoppte gegenüber jen _____ schön _____ Modegeschäft.

2. Seit jen _____ letzt _____ Gesellschaft habe ich sie nicht gesehen.

3. Der Riss in d_____ recht _____ Ärmel wird grösser.

4. Nicht jed _____ rot _____ Wollkleid gefällt mir.

5. Welch _____ neu _____ Katalog habt ihr verloren?

6. Solch _____ nett _____ Tanten findet man nicht oft.

7. D_____ gross _____ Bewunderung nahm kein Ende.

8. Ich habe schon manch _____ gross _____ Preis gewonnen.

9. D_____ schwer _____ Schild hängt da drüben.

10. Das Glas steht auf dies _____ rund _____ Tisch.

13. Undank ist der Welt Lohn

I. **Vocabulary Exercises**

A. **Cognates:** Give the German cognate with the correct article.

1. medicine
2. study
3. idea
4. field
5. practice
6. to stare
7. to wonder
8. wise
9. resigned
10. free

B. **Synonyms:** Find words with the same or similar meaning in the story.

1. antworten
2. der Doktor
3. endlich
4. Geht es dir nicht gut?
5. Man darf es nicht tun.

C. **Antonyms:** Find words of opposite meaning in the story.

1. erste
2. Gutes
3. ohne
4. Dank
5. dumm

II. **Structures**

A. Supply a suitable preposition.

1. Er geht _____ die Kegelbahn.
2. Der Arzt ist stolz _____ seinen Sohn.
3. _____ der ersten Untersuchung war er nicht krank.
4. Herr Krüger setzt sich _____ den Tisch.
5. Was hat er _____ dir entdeckt?

B. Complete the sentence with a suitable word from the story.

1. Wo findet das Kegeln _____?
2. _____ morgen ging er zum Arzt.
3. Er hat keinen Dank, sondern nur _____.
4. Er hat keinen zu _____ Blutdruck.
5. Was ist heute los mit _____, Herr Krüger?

III. **Grammatical Exercises**

  A. Adjective endings after "**ein** words." Supply the proper endings.

1. Er liess sein _____ schwer _____ Kugel fallen.
2. Zwei Jungen sitzen an ein _____ gross _____ Tisch.
3. Er hat kein _____ bekannt _____ Praxis.
4. Diese Schule hat ein _____ gründlich _____ Programm.
5. Die Kugel liegt neben ein _____ lang _____ Kegelbahn.
6. Er wollte ein _____ gut _____ Untersuchung.
7. Wir waren auf eur _____ interessant _____ Gesellschaft.
8. Das war dein _____ gut _____ Idee.
9. Mein _____ klein _____ Kapital liegt auf der Sparkasse.
10. Das Feld liegt gegenüber uns _____ alt _____ Tankstelle.
11. Können kein _____ neu _____ Landmassen aus dem Ozean steigen?
12. Er war ihr _____ best _____ Schüler.
13. Er stellte sein _____ nett _____ Mädchen vor.
14. Herr Braun, geht es Ihr _____ krank _____ Mutter nicht besser?
15. Wegen sein _____ schwach _____ Brille konnte er nichts sehen.

B. Reflexive Verbs: Fill in the correct form of the verb.

1. Das Boot _____ (sich senken, past) ins Wasser.
2. Bitte, _____ (sich setzen) Sie _____.
3. Ich _____ (sich waschen).
4. Ich _____ (sich waschen) die Hände.
5. _____ (sich erinnern) du _____ an die alten Kutschen?
6. Können wir _____ (sich treffen)?
7. Paul und Fritz _____ (sich bestellen) ein Mass Bier.
8. Warum _____ (sich erheben, present perfect) _____ ihr _____ nicht _____?
9. Lotte _____ (sich wundern) über die gründliche Untersuchung.
10. Wir _____ (sich fragen) oft, warum er nicht mehr kommt.

14. Ein neues Problem

I. Vocabulary Exercises

A. Cognates: Give the German cognate and the correct article.

1. cement	6. foot
2. mixer	7. to fill
3. shovel	8. full
4. stone	9. to find
5. sand	10. rich

B. Antonyms: Find words of opposite meaning in the story.

1. weggehen
2. die Strasse
3. im Haus
4. arm
5. die Mutti

C. Make as many noun compounds out of the following nouns as you can.

1. der Sand	a. der Steig
2. der Zement	b. die Bahn
3. der Fuss	c. der Druck
4. das Blut	d. das Kleid
5. der Bürger	e. der Stapfen
6. der Kegel	f. der Haufen
7. die Seide	g. der Stoff
8. die Mode	h. der Mixer
9. das Möbel	i. das Geschäft
10. die Strasse	j. das Café

II. Structures

Complete the following sentences with a suitable word from the story.

1. Felix spielt, _____ (while) Vater arbeitet.

2. Vati zementiert den Bürgersteig _____ (himself).
3. Schulzes sind nicht reich, _____ macht es Vati.
4. Mutti zeigt _____ den Teppich im Wohnzimmer.
5. Vati hat eine Schaufel _____ Zement.
6. _____ die Mutter ruft, geht er nicht ins Haus.
7. Er nimmt mehr Sand _____ Zement.
8. Vati sagt: "Du _____" zu Felix.
9. _____ im Wohnzimmer ist mit Zement bedeckt.
10. Felix macht _____ Fusstapfen im Zement.

III. Grammatical Exercises

A. Unpreceded adjective endings: Fill in the correct adjective ending.

1. Interessant _____ Arbeit gibt es hier nicht.
2. Neu _____ Teppiche kosten viel Geld.
3. Überall sieht man nass _____ Zement.
4. Schulzes sind nett _____ Leute.
5. Du Klein _____ Lümmel!
6. Schön _____ Gärten findet man oft.
7. Lieb _____ Kind, warum weinst du?
8. Er ging mit lang _____ Fusstapfen durch den Zement.
9. Schwarz _____ Kaffee trinkt sie gern.
10. Er spricht von krank _____ Leuten.

B. Mixed adjective endings: Fill in the missing endings.

1. Wir fahren in d_____ alt _____ Stadt.
2. Mein _____ klein _____ Neffe ist jetzt hier.
3. Dies _____ bekannt _____ Arzt wohnt in Hamburg.
4. Tante Isolde erzählt von alt _____ Zeiten.
5. Sie spricht mit d_____ stolz _____ Vater.
6. Bei uns _____ lieb _____ Eltern gibt es viel zu essen.

7. Sehr geehrt _____ Fräulein Müller!
8. Weiss _____ Brot mit frisch _____ Butter isst er gern.
9. Er fährt jetzt in sein _____ gross _____ Praxis.
10. Gut _____ Kinder sieht man gerne.

15. Beim Psychiater

I. **Vocabulary Exercises**

A. **Cognates:** Give the German cognate and the correct article.

1. football	6. to ignore
2. season	7. to find
3. exist	8. interest
4. couch	9. hobby
5. sport	10. psychiatrist

B. **Antonyms:** Find words of opposite meaning in the story.

1. niemand
2. befestigen
3. laut
4. nass
5. suchen

C. **Synonyms:** Find words of the same or similar meaning in the story.

1. weinen
2. Sofa
3. warum
4. beginnen
5. zu Ende sein

II. **Structures**

Complete the following sentences with a suitable word from the story.

1. Er hat kein Interesse _____ Sport.
2. Die Eltern _____ dem Kind viel Liebe.
3. Du warst schlecht, ich muss dich _____.
4. _____ Fussball wird mir etwas Trost gebracht.
5. Er _____ sich das Leben angenehm.
6. Er ignoriert _____ (me).

133

7. Wir brauchen Essen, _____ zu existieren.
8. Er _____ sich die Augen; denn sie sind nass.
9. Sie sind Mann und Frau; denn sie sind _____ (married).
10. Das grosse Spiel wird jetzt am Fernseher _____ (announced).

III. Grammatical Exercises

A. Passive Voice: Change the following sentences to the passive voice, present tense.

1. Ich besuche den Psychiater.
2. Sie entfernt den Knopf vom Apparat.
3. Sport macht das Leben spannend.
4. Wir verschwenden keine Zeit.
5. Das Radio kündigt das Spiel an.
6. Ihr schenkt dem Kind viel Liebe.
7. Dieser nette Mensch bringt uns viel Trost.
8. Er wirft den Fussball durch das Fenster.
9. Die Welt ignoriert ihn.
10. Die Eltern schicken den Jungen ins Haus.

B. Change these sentences to the passive voice, past tense.

1. Er wischte die Tränen ab.
2. Wir fanden das Kino sofort.
3. Die Saison begann im Oktober.
4. Sie befestigten das Bild an der Wand.
5. Ich sah den armen Mann.
6. Die Familie kaufte einen Fernsehapparat.
7. Der Vater bestrafte das Kind.
8. Sie stellten die neue Couch ins Wohnzimmer.
9. Diese Hobbies machten uns viel Vergnügen.
10. Der Psychiater verstand den Patient nicht.

C. Insert the proper form of the phrase in parentheses.

1. (um zu kommen) _____ in die Stadt _____ _____, muss er mit dem Bus fahren.

2. (ohne zu schlafen) ———— die ganze Nacht ————
———, ging er zur Arbeit.

3. (anstatt zu essen) Er trank drei Gläser Milch,
———— etwas ———— ————.

4. (ohne zu sagen) ———— Auf Wiedersehen ————
———, entfernte sie sich.

5. (ohne zu arbeiten) ———— ———— ————, kommt
er durchs Leben.

16. Ein Radio-Interview

I. Vocabulary Exercises

A. Cognates: Give the German cognate and the correct article:

1. brown
2. chlorinate
3. gymnastic
4. often
5. wine

B. Synonyms: Find words of the same or similar meaning in the story.

1. böse
2. fröhlich
3. Sport
4. jeden

C. Antonyms: Find words of opposite meaning in the story.

1. der Fernsehapparat
2. dick
3. schädlich
4. der Herr
5. der Ansager
6. vorher

II. Structures

A. Insert the correct form of the pronoun.

1. Es tut _____ leid. (ich)
2. Es tut _____ leid. (er)
3. Es tut _____ leid. (wir)
4. Es tut _____ leid. (ihr)
5. Tut es _____ leid? (Sie)

B. Adjectives are derived from nouns by adding the suffix **-ig** or **-lich** or from other adjectives by adding the suffix **-lich**. Form adjectives using **-ig** or **-lich** from the following nouns.

1. der Schreck: das _____ Wetter
2. die Gefahr: eine _____ Autobahn
3. der Schaden: das _____ Wasser
4. der Nutzen: Kein _____ Buch
5. die Sonne: das _____ Kind
6. der Zorn: mein _____ Vater
7. die Angst: der _____ Neffe
8. der Sport: ein _____ Kleid
9. der Freund: unser _____ Onkel
10. der Hunger: mein _____ Junge

C. Form adjectives from other adjectives by adding the suffix **-lich.**

1. froh: der _____ Professor
2. krank: ihr _____ Kind
3. schwach: der _____ Grossvater
4. rot: ein _____ Apfel
5. lang: das _____ Haus

III. Grammatical Exercises

A. Change the following sentences to the present perfect tense.

1. Wir werden vom Hund gebissen.
2. Es wird viel Wasser getrunken.
3. Der Wein wird von dem Mann gekauft.
4. Die Tiere werden von dem Gastarbeiter gewaschen.
5. Ein Zelt wird dem Jungen von den Eltern geschenkt.
6. Sie werden in eine sonnige Stimmung gebracht.
7. Dieses Lied wird oft gesungen.
8. Gymnastik wird getrieben.
9. Dieses Brot wird nicht von ihm gegessen.
10. Das neue Auto wird von ihnen bewundert.

B. Change the following sentences to the past perfect tense.

1. Das Kleid wird von ihr genäht.

2. Das Programm wird von der Ansagerin beendet.
3. Am Sonntag wird die Kirche besucht.
4. Der Patient wird vom Arzt untersucht.
5. Das Bett wird von der Tante gemacht.
6. Die Tankstelle wird geöffnet.
7. Der Kaffee wird in die Kanne gegossen.
8. Das Auto wird von dem Neffen gewonnen.
9. Die Kutsche wird von dem Pferd gezogen.
10. Die Dame wird von dem Herrn angerufen.

17. Häuser zu verkaufen

I. Vocabulary Exercises

A. Cognates: Give the German cognate and the correct article.

1. apartment
2. agent
3. price
4. the next
5. field

6. plan
7. to stink
8. kilometer
9. meter
10. park

B. Synonyms: Find words of the same or similar meaning in the story.

1. antworten
2. sauber machen
3. schlecht riechen
4. 1000 Meter
5. die Strasse

C. Antonyms: Find words of opposite meaning in the story.

1. der Tag
2. die Stille
3. die Einfahrt
4. kaufen
5. das Stadtzentrum

6. zuletzt
7. alt
8. sonnig
9. der Wassertümpel
10. fragen

II. Structures

A. Complete these sentences with a suitable word from the story.

1. Ich habe die Häuser _____ kurzem gesehen.
2. Die Aussicht _____ den See ist wunderbar.
3. _____ nächsten Tag fahren sie an den Stadtrand.
4. Jener Wassertümpel ist _____ Abfall.
5. Das Bad ist zwei Meter _____.

B. Wissen or **Kennen:** Supply the correct form of the proper verb.

1. _____ du diesen Agenten?
2. Ich _____, wie Sie heissen.
3. Wir _____ die alte Stadt.
4. Marion und Rolf _____, wo das Modellhaus liegt.
5. _____ ihr dieses gute Buch?

III. Grammatical Exercises

A. Change the following sentences to the passive voice, future tense.

1. Der Vater wird dieses Haus kaufen.
2. Der Agent wird den Preis erhöhen.
3. Wir werden den schattigen Park entdecken.
4. Wirst du das Modellhaus finden?
5. Ich werde viel kaltes Wasser trinken.
6. Er trifft den Gesundheitsberater am See.
7. Die verheirateten Leute werden das möblierte Apartment bewundern.
8. Wir werden diesen kleinen Landkreis nächsten Monat besuchen.

B. Change the following sentences from the passive to the active.

1. Er wird von ihm gebissen.
2. Der Gast wird von der Mutter begrüsst.
3. Von niemandem wurde ihm Liebe geschenkt.
4. Er wird von allen ignoriert werden.
5. Er ist viel von dem Psychiater gefragt worden.
6. Die Preise werden erhöht werden.
7. Die schlechten Nachrichten wurden nicht gelesen.
8. Das Büro wurde von der Frau gereinigt.
9. Die Autobahn wird hier vorbei gelegt werden.
10. Wir sind von dem Lärm gestört worden.

18. Ferdis neuer Hut

Vocabulary Exercises

A. **Cognates:** Give the German cognate with the correct article.

1. shabby	6. energy
2. to hang	7. firm
3. to steal	8. jacket
4. crisis	9. wonder
5. welfare	10. hat

B. **Antonyms:** Match the words in column A with words of opposite meaning in column B.

A	B
1. der Mantel	a. stehlen
2. schön	b. liegen
3. einzige	c. schnell
4. trocken	d. Wasser
5. schenken	e. die Jacke
6. es freut mich	f. Sonnenschein
7. langsam	g. nass
8. hängen	h. schäbig
9. Schnaps	i. viele
10. regnen	j. es tut mir leid

C. **Synonyms:** Find words of the same or similar meaning in the story.

1. die Taverne
2. der Mann
3. Die Sonne geht unter
4. krank
5. die Gesellschaft
6. geschehen
7. möchten
8. die Dinge
9. Der Tag, an dem man geboren ist
10. sieben Tage

II. Structures

Complete the following sentences with a suitable word from the story.

1. Wir haben gestern meinen Geburtstag _____.
2, 3. Wenn es regnet, braucht man einen _____ und _____.
4. Ferdi trinkt nicht Bier, sondern _____.
5. Ferdi geht zum _____, weil er keine Arbeit hat.
6. Das Kind weinte laut, aber das _____ den Mann nicht.
7. Herr Müller arbeitet jetzt für eine neue _____.
8. Ich fühle mich nicht gut, mir ist _____.
9. Theo freute sich, seinen Freund _____ (to see again).
10. Ferdi ist sein Mantel _____ worden.

III. Grammatical Exercises

A. Impersonal verbs: Rewrite the following common verb phrases in German.

1. It is raining.
2. I am sorry.
3. It is thundering.
4. She is fine.
5. I like it.
6. What happened?
7. Miracles still happen.
8. It is getting dark.
9. He is pleased to meet you.
10. Do you feel sick?

B. Supply the correct ending of the **der** word.

1. Sie sitzt hinter dies _____ Tisch.
2. Sie hat schon manch _____ Geburtstag gefeiert.
3. Jen _____ Kneipe hat gutes Bier.
4. Jed _____ Kind hat ein Stück Kuchen.
5. Solch _____ Regen gibt es nicht oft.
6. Wer bestellte dies _____ Essen?
7. Der Hund läuft in jed _____ Garten hinein.
8. Er hatte manch _____ Stadt gesehen.

9. Jed _____ Monat bekommen wir Besuch.
10. Solch _____ Bücher findet man auch in Berlin.
11. Welch _____ Musterhaus ist geöffnet?
12. Er hat dies _____ Jacke gestohlen.
13. Der Turm ist gegenüber jen _____ Mauer.
14. Manch _____ Firma macht jetzt Bankerott.
15. Er giesst den Schnaps in dies _____ Hut.

19. Am Stammtisch

Vocabulary Exercises

A.   **Cognates:** Give the German cognate and the correct article.

    1. balloon
    2. leather
    3. a while
    4. golden
    5. thin

B.   **Antonyms:** Find words of opposite meaning in the story.

    1. der Stuhl
    2. er hat viele Haare
    3. dünn
    4. Montagmorgen
    5. zu wenig

C.   **Synonyms:** Find words of the same or similar meaning in the story.

1. Gymnastik treiben	6. am Morgen
2. Kartenspiel	7. das Geschehen
3. ein paar Minuten	8. aufstehen
4. TV	9. spazieren gehen
5. gehen	10. nicht mehr arbeiten

D.   Nouns with a **-nis** suffix, plural **-nisse.** This suffix (English -ness) is attached to adjectives or verbal roots. These nouns are either femine or neuter.
Choose the most suitable word from the list below for each sentence.

    das Ereignis   das Geständnis   das Erlebnis
    die Wildnis   die Kenntnis

    1. Er hat viel _____ in der Raumforschung.
    2. Diese Tiere leben in _____.
    3. _____ gross _____ des Tages war die Geburtstagfeier.

4. Er hat viele interessant _____ auf seiner Weltreise gehabt.

5. _____ _____ des Kindes brachte Tränen in die Augen der Eltern.

II. Structures

Complete the following sentences with suitable words from the story.

1. Er steht schon in _____ Frühe auf.
2. Früher sind wir mehr _____ _____ gegangen.
3. Meine Mutter ist immer _____ Hause.
4. Der Mann _____ ein Geständnis.
5. Wir müssen alle mehr Gymnastik _____.
6. Er _____ Vertreter für die Firma.
7. Er isst Eier _____ Speck.
8. Die Kinder sind _____ dem Sportplatz.
9. Die Freunde treffen sich am _____ im "Goldenen Löwen".
10. Ich fragte _____ (him), wo der Ledersessel ist.
11. _____ einer Weile schlief er ein.

III. Grammatical Exercises

A. Intransitive verbs: Change the following sentences to the present perfect tense.

1. Wir gehen nach einer Weile nach Hause.
2. Die Kinder wandern auf den Römerberg.
3. Ich bleibe im Auto.
4. Das Kind wächst gut.
5. Die Karten fallen unter den Tisch.
6. Tante sitzt am Tisch.
7. Sie begegnen dem alten Freund.
8. Der Hund springt ins Wasser.
9. Diese Familie hat viel Geld.
10. Das Fräulein wird ganz nervös.

B. Change these sentences to the past perfect tense.

1. Der Agent kommt alleine.
2. Meine Kinder sind krank.
3. Ich werde auch krank.
4. Müllers machen einen Spaziergang.
5. Die Jungen laufen durch den Park.
6. Wir werden in Amerika bleiben.
7. Sie werden wieder zu viel essen.
8. Werdet ihr nach Berlin reisen?
9. Ich werde auf der Couch schlafen.
10. Die Männer werden an den Wald reiten.

20. Der schlaue Agent

I. Vocabulary Exercises

A. Cognates: Give the German cognate and the correct article.

1.	shoulder	6.	singer
2.	secretary	7.	festival
3.	director	8.	party
4.	to fall	9.	club
5.	to sing	10.	theatre

B. Synonyms: Find words of the same or similar meaning in the story.

1.	endlich	6.	am nächsten Morgen
2.	sagen	7.	Talent haben
3.	zeigen	8.	viele Leute
4.	Kontrakt	9.	Guten Tag sagen
5.	Vater und Mutter	10.	Vielen Dank

C. Antonyms: Find words of opposite meaning in the story.

1. das Kind
2. fallen lassen
3. das Kino
4. weniger
5. die Mark

D. Un- prefix: Give the word and meaning from which the following derivations originate.

1.	der Undank	6.	unbesorgt
2.	der Unbekannte	7.	unzufrieden
3.	das Unglück	8.	unschädlich
4.	die Unruhe	9.	ungesund
5.	das Unrecht	10.	unbegabt

II. Structures

Complete the sentence with a suitable word from the story.

1. Er sang _____ dem Hochzeitsfest.
2. Mehr und _____ Kinder kommen ins Haus.
3. Was _____ ein Mann ist das?
4. Der Rucksack ist kaputt, er hat ein _____.
5. Er sah aus dem Fenster _____.

III. Grammatical Exercises

A. Double infinitive constructions: Change the following sentences to the present perfect tense.

1. Ich kann Deutsch.
2. Er mag das Mädchen nicht.
3. Wir wollen dieses Getränk.
4. Ja, sie dürfen das.
5. Ich möchte das gern.

B. Change the following sentences to the past tense.

1. Ich muss am Montag wieder kommen.
2. Wir möchten nach Hause gehen.
3. Er will den Rucksack tragen.
4. Du kannst das Büro verlassen.
5. Die Eltern wollen dieses Theater besuchen.

C. Change the following sentences to the present perfect tense.

1. Dürfen wir den Sänger hören?
2. Er will dieses Lied singen.
3. Grossmutter kann das gut erzählen.
4. Du musst das beweisen.
5. Die Kinder sollen das Geld aufheben.

D. Change the following sentences to the future tense.

1. Er muss sein Bett sofort machen.
2. Wir wollen den grossen Star sehen.
3. Der Ball muss hier herausfallen.
4. Die Kinder wollen dem Star folgen.

5. Dieses Mädchen kann viele junge Männer anziehen.

E. Change these sentences to the past perfect tense.

1. Können Sie lauter sprechen?
2. Ihr dürft das nicht tun.
3. Was willst du?
4. Das Kind muss im Bett bleiben.
5. Kannst du das schon?

21. Ein Missverständnis

I. Vocabulary Exercises

A. Cognates: Give the German cognate with the correct article.

1. Turkish
2. to congratulate
3. to hear
4. hair
5. photo

B. Synonyms: Find words of the same or similar meaning in the story.

1. der Raum
2. das Bild
3. Was bedeutet das?
4. ansehen
5. ich mag ihn

C. Antonyms: Find words of opposite meaning in the story.

1. das Verständnis
2. hineinlegen
3. die Haare wachsen lassen
4. lesen
5. die Nase

II. Structures

Complete the following sentences with a suitable word from the story.

1. Er nahm das Foto von der Wand _____.
2. _____ (last) Woche besuchte er mich.
3. Ich habe nur ein Buch und _____ nichts.
4. Wir _____ ihm zum Geburtstag.
5. Ahmed hat blitzende _____.
6. Er stand _____ einmal im Zimmer.
7. Gib mir bitte den Zehn-Mark- _____.

8. _____ heisst das?

9. Ahmed war der erste beim Schwimmen, er war

_____.

10. Die Zwillinge sprechen nicht miteinander, denn zwischen ihnen gibt es ein _____ (misunderstanding).

III. Grammatical Exercises

A. Semimodal auxiliaries: Change these sentences to the present perfect tense.

1. Wir hören den türkischen Star singen.
2. Sie lässt das Kind schlafen.
3. Seht ihr ihn kommen?
4. Wir helfen ihr das Kleid nähen.
5. Lässt du den Arzt rufen?
6. Er hilft uns das Haus bauen.
7. Ich sehe das Glas fallen.
8. Wir lassen das Bild an der Wand hängen.
9. Sie hören ihn kommen.
10. Er lässt seinen Sohn Medizin studieren.

B. Present participle: Choose an appropriate present participle for each sentence.

zeigend   blitzend   schreibend   betrachtend

fragend   gratulierend

1. Er sah mich _____ an.
2. Dem Sieger _____ stand er auf der Bühne.
3. Den schönen See _____ sieht er aus dem Fenster.
4. Er wird _____ am Tisch sitzen.
5. Das saubere Auto steht _____ vor dem Haus.

22. Alex' Dilemma

Vocabulary Exercises

A. **Cognates:** Give the German cognate and the correct article.

   1. silver
   2. cap
   3. fox
   4. dilemma
   5. night

B. **Synonyms:** Find words of the same or similar meaning in the story.

   1. am Anfang
   2. die Mütze
   3. das Problem
   4. das Geschäft
   5. Freitag, Samstag und Sonntag

C. **Antonyms:** Find words of opposite meaning in the story.

   1. der Mann
   2. lang
   3. der Tag
   4. das Abendessen
   5. rot werden

D. Noun compounds: Form noun compounds by matching the nouns in column A with column B.

A	B
1. die Woche	a. der Tag
2. der Mittag	b. die Kappe
3. die Hochzeit	c. die Kantine
4. das Geschenk	d. das Haus
5. der Kauf	e. der Tag
6. das Werk	f. das Fest
7. die Geburt	g. das Ende

8. das Geld	h. das Stück
9. der Pelz	i. das Essen
10. die Welt	j. die Abteilung
	k. die Karte

II. Structures

Complete the following sentences with a suitable word from the story.

1. Diese Kappe _____ (match) nicht zum Mantel.
2. Wenn Hermann bei der Arbeit isst, dann isst er in der _____.
3. Die Kappe war _____ Silberfuchs.
4. Wenn der Hund jemand hört, dann _____ er.
5. Er hat ihr etwas _____ Besonderes geschenkt.

III. Grammatical Exercises

A. Relative pronoun **der** and **welcher:** Supply the missing relative pronoun.

1. Die Nachbarin, _____ in diesem Kaufhaus arbeitet, ist heute krank.
2. Den Fehler, _____ ich gestern gemacht habe, mache ich nicht mehr.
3. Wir setzen uns unter einen schattigen Baum, w_____ am Feld steht.
4. Der Wald, durch _____ wir gegangen sind, war voller Mücken.
5. Die Leute, von w_____ ich das schöne Geschenk habe, wohnen in Berlin.
6. Meine Freundin, _____ ich dieses Buch kaufen wollte, ist krank.
7. Der Neffe, auf _____ ich warte, kommt immer noch nicht.
8. Die Häuser, w_____ sie gesehen hatten, gefielen ihnen nicht.
9. Die Frau, _____ der Mantel gestohlen worden

war, ging zur Polizei.

10. Der Urlaub, w_____ wir an der Nordsee verbrachten, war herrlich.

B. Relative pronoun **wer** and **was:** Supply the missing indefinite article.

1. _____ nicht arbeitet, soll auch nicht essen.

2. Ich weiss nicht, _____ du willst.

3. Das Kind glaubt alles, _____ man ihm sagt.

4. _____ krank ist, soll zu Hause bleiben.

5. Er weiss nicht, _____ er dazu sagen soll.

23. Eine vornehme Party

Vocabulary Exercises

A. **Cognates:** Give the German cognate and the correct article.

1. soup
2. to serve
3. financial
4. fish
5. sugar

B. **Synonyms:** Find words of the same or similar meaning in the story.

1. sehr reich
2. elegant
3. sehr jung
4. das Esszimmer
5. kommen
6. ein Fluss in Deutschland
7. die Menschen
8. noch einmal sagen
9. weggehen
10. Setzen Sie sich!

C. **Antonyms:** Find words of opposite meaning in the story.

1. die Gastgeberin
2. unglücklich
3. der Nachbar
4. laut sprechen
5. der Graf

D. Adjective compounds: Combine the words in column A with the words in column B to make a suitable adjective compound.

A	B
1. das Blut	a. vornehm
2. der Stein	b. reich
3. der Zucker	c. jung
4. hoch	d. glücklich
5. über	e. süss

II. Structures

A. Supply the correct form of the pronoun.

1. Schmeckt es _____, Herr Hube?
2. Schmeckt es _____, Tante Luise?
3. Schmeckt es _____, Paul und Horst?
4. Ja, es schmeckt _____. (I)
5. Ja, es schmeckt _____. (we)

B. Fill in a suitable word from the story.

1. Die Gäste essen im _____.
2. Nach der Suppe gab es das _____.
3. Die Gräfin verliess den Tisch, weil sie keine _____ Gabel hatte.
4. Er wollte neue Freunde _____.
5. _____ Wohl unserer Gastgeber!

III. Grammatical Exercises

A. Imperative: Make commands from the following sentences.

1. Wir trinken den Wein.
2. Wir essen jetzt.
3. Sie lassen uns an den Tisch setzen.
4. Wir begrüssen die Gäste.
5. Wir machen einen Spaziergang.

B. Supply the correct adjective ending.

1. Die überglücklich _____ Kinder öffneten die Geschenke.
2. Ich habe das Geschenk von meinem steinreich _____ Onkel bekommen.
3. Zuckersüss _____ Kuchen kann er nicht essen.
4. Ist das sein neu _____ Auto?
5. Dieser laut _____ Lärm kommt von draussen.
6. Wir sprachen mit dem alt _____ Grafen.
7. Die Haushilfe brachte die heiss _____ Suppe.

8. Der Bankdirektor ist eine höchstwichtig _____
Person.
9. Wir sassen der jung _____ Gräfin gegenüber.
10. Er dankte dem blutjung _____ Mädchen für die
Hilfe.

24. Ist das noch Deutsch?

I. Vocabulary Exercises

A. Cognates: Give the German cognate and the correct article.

1. more	6. tourist
2. the most	7. the good
3. July	8. typical
4. camera	9. she can
5. bar	10. to hear

B. Synonyms: Find words of the same or similar meaning in the story.

1. treffen
2. mit was
3. an der Seite
4. anhaben
5. ein Foto machen

C. Antonyms: Find words of opposite meanings in the story.

1. Alles Schlechte
2. die Länge
3. die Postkarte
4. weinen
5. lesen

II. Structures

A. Complete the following greetings.

1. Lieb _____ Vater!
2. Lieb _____ Mutter!
3. Lieb _____ Kind!
4. Mein _____ lieb _____ Eltern!
5. Dein _____ Paul.

B. Give the German for the following expressions.

1. Berlin, June 11, 1985

2. Switzerland, May 30, 1975

3. Best wishes!

C. Insert the correct preposition.

   1. Er wundert sich _____ den fremden Touristen.

   2. _____ der Suche nach dem Marktplatz kam er an den See.

   3. Wir fahren _____ dem Bahnhof.

   4. Sie trinken Bier _____ ihrem "Festival."

   5. Auf der Suche _____ dem Zelt fand er seine alte Kamera.

III. Grammatical Exercises

A. Verbs with the dative: Complete the following sentences.

   1. Ich glaube d_____ Mann nicht alles.

   2. Der Hund folgt mein _____ Tante.

   3. Dieses Getränk wird _____ (du) nicht schaden.

   4. Kannst du _____ (ich) heute abend helfen?

   5. Der Junge gehorcht sein _____ Vater.

   6. Jeden Morgen begegne ich d_____ nett _____ Nachbarin.

   7. Der Lehrer erklärt d_____ neu_____ Wörter.

   8. Dieses Kleid gefällt _____ (sie).

   9. Das Pferd nähert sich d_____ Wassertümpel.

  10. Die Eltern danken d_____ Gräfin für das schöne Geschenk.

B. Compounds with **da-** and **dar:** Complete with the suitable **da-** compound.

   1. Liegt der Mantel auf dem Sofa? Ja, er liegt _____.

   2. Ist das Büro neben dem Wohlfahrtsamt? Ja, es ist _____.

   3. Fährt das Motorrad gegen den Baum? Ja, es fährt _____.

   4. Liegt der Junge unter dem Tisch? Ja, er liegt _____.

5. Spielen die Kinder mit dem Ball? Ja, sie spielen
   _____.

C. Compounds with **wo-** and **wor-**: Complete the sentence with the indicated **wo-** compound.

    1. Der Stuhl, _____ (on which) er sass, war hart.

    2. Das Glas, _____ (out of which) er trank, war nicht sauber.

    3. _____ (with what) putzt ihr die Fenster?

    4. Der See, _____ (over which) er fliegt, ist gefroren.

    5. _____ (of what) sprecht ihr?

25. Eine tragische Verwechslung

Vocabulary Exercises

A. **Cognates:** Give the German cognate with the correct article.

1. nature
2. rose
3. dreary
4. tragic
5. card

B. **Synonyms:** Match the words in column A with the words in column B.

A	B
1. komisch	a. bedürfen
2. glauben	b. trauen
3. die Blume	c. sich irren
4. einen Fehler machen	d. sonderbar
5. brauchen	e. die Rose

C. **Antonyms:** Find words of opposite meaning in the story.

1. die Geburt	6. spät am Abend
2. der Stuhl	7. viele Stunden
3. die Schuld	8. erwachsen
4. liegen	9. freudig
5. stolz sein	10. der letzte

D. Make adjectives out of the following nouns by using the suffix **-isch**, **-haft**, or **bar.**

1. das Essen	6. der Glaube
2. das Wunder	7. die Tragödie
3. die Kosten	8. das Kind
4. der Typ	9. die Verschwendung
5. die Schuld	10. die Komödie

E. Make adjectives out of the following verbs by using the suffix **-sam.**

    1. arbeiten

    2. mühen

    3. sparen

II.   Structures

Complete the following sentences with a suitable word from the story.

    1. Er brachte einen Strauss _____ (red) Rosen.

    2. Emil nennt seine Freudin _____ (darling).

    3. Er sass _____ einer Bank.

    4. Früh _____ Morgen ging er zur Arbeit.

    5. Auf der Beerdigung war der Mann _____ (sad).

    6. Schämt er _____, zur Arbeit zu gehen?

    7. Zur Beerdigung bestellte er einen _____.

    8. Mach _____! (hurry up)

    9. Ruhe in _____ stand auf der Karte.

   10. Wir erfreuen _____ der wunderbaren Natur.

III.   Grammatical Exercises

Verbs with the genitive: Complete the following sentences correctly.

    1. Ich bedarf sein _____ Hilfe nicht.

    2. Wie kannst du mich dies _____ Sache beschuldigen?

    3. Sie gedenken noch oft d_____ Hochzeitstag _____.

    4. Der Tourist erfreut sich d_____ herrlich _____ Wetter _____.

    5. Ich muss euch mein _____ Freude versichern.

26. Der zerstreute Professor

Vocabulary Exercises

A. **Cognates:** Give the German cognate with the correct article.

1. true
2. jacket
3. long
4. to protest
5. colleague

B. **Synonyms:** Find words of the same or similar meaning in the story.

1. der Freund
2. Angst haben
3. weg
4. ein junger Mann
5. sie weint

C. **Antonyms:** Find words of the opposite meaning in the story.

1. nah
2. die Stadt
3. der Ausgang
4. das Fahrrad
5. ziehen

D. Verbs with **be-**, **er-**, and **ver-** prefixes: Give the verbs from which the following derivations originate and give the meaning.

1. beantworten	8. verbringen
2. begrüssen	9. verdienen
3. besuchen	10. bedienen
4. bemerken	11. beschreiben
5. behalten	12. besprechen
6. erstaunen	13. bekommen
7. erfahren	14. erraten

163

15. erzählen	21. verlassen
16. erkennen	22. vergeben
17. verkaufen	23. versinken
18. verbieten	24. versprechen
19. verbrennen	25. vermieten
20. verraten	

II. Structures

Complete the following sentences with a suitable word from the story.

1. Er schob sein Motorrad _____ die Strasse.
2. Die Verwandten wohnen _____ _____ Lande.
3. Ich habe drei Tage nichts gegessen, ich werde bestimmt _____.
4. Sie hat beide Arme _____ Mäntel.
5. _____ stimmt.
6. Diesen Urlaub haben wir wirklich _____ (earned).
7. Das geht _____ Ordnung.
8. Die Haushälterin war _____ Tränen.
9. Er kam spät _____ Abend.
10. Nehmen Sie _____ noch meinen Anzug!

III. Grammatical Exercises

Der- and **ein-** word pronouns: Complete these sentences correctly.

1. Wo arbeitet der nette Nachbar? _____ arbeitet in Köln.
2. Weisst du, wo mein roter Mantel ist? _____ hast du doch gestern zum Reinigen gebracht.
3. _____ habe ich ihm schon oft gesagt.
4. Kein _____ weiss, wie alt er war.
5. Kommt Ilse heute abend? _____ soll doch an der Nordsee sein.
6. Sie meinen Onkel Karl? _____ habe ich schon lange nicht gesehen.

7. Kein _____ glaubt, was er sagt.
8. Er hat _____ wieder vergessen.
9. Gefällt das Buch deinem Bruder? Nein, _____ gefällt es nicht.
10. Ich kann _____ nicht verstehen.

27. Haltet den Dieb

Vocabulary Exercises

A. **Cognates:** Give the German cognate and the correct article.

1. to stem	6. arm
2. friendly	7. shoe
3. telephone book	8. thief
4. grandfather	9. detective
5. pair	10. hotel

B. **Synonyms:** Find words of the same or similar meaning in the story.

1. selbstverständlich	6. zum Saubermachen
2. stoppen	7. das Gasthaus
3. beantworten	8. Grosseltern und
4. telefonieren	Urgrosseltern
5. wohnen	9. sicher
	10. zwei Schuhe

C. **Antonyms:** Find words of the opposite meaning in the story.

1. die Grossmutter
2. leise
3. verlieren
4. geboren
5. vergessen

II. **Structures**

Complete the following sentences with a suitable word or word ending from the story.

1. Er war eilig _____ Abschied.
2. Der Mann _____ die Schuhe ein.
3. Wissen Sie, _____ er hier wohnt?
4. Halt _____ den Dieb!
5. Der Herr sass neben _____ (sie).

III. **Grammatical Exercises**

A. Verbs with **an, auf, aus, bei, für, in:** Complete these sentences with the given verb, supplying the correct pronoun.

1. (sterben) Mein Onkel ist _____ Krebs _____.
2. (sich freuen) Die Kinder _____ _____ so _____ den Urlaub.
3. (denken) Tom _____ noch oft _____ seinen Besuch in Deutschland.
4. (schwärmen) Luise _____ _____ den grossen Sänger.
5. (sich erinnern) Ich kann _____ gut _____ deinen alten Freund _____.
6. (sorgen) Die Haushälterin _____ _____ die Gäste.
7. (antworten) Der Schüler _____ _____ die Fragen des Professors.
8. (stammen) Müllers _____ _____ dem Schwarzwald.
9. (warten) Ich habe fünf Tage _____ diesen Brief _____.
10. (sich gewöhnen) Sie können _____ nicht _____ dieses Wetter _____.

B. Future perfect: Change the following sentences to the future perfect tense.

1. Seine Adresse ist im Telefonbuch.
2. Ihre Vorfahren stammen aus dieser Stadt.
3. Jemand hat die Seife gestohlen.
4. Sie spricht mit dem Detektiv.
5. Werde ich hier sitzen?
6. Wir schlafen in einem netten Hotel.
7. Der Herr war sehr freundlich beim Abschied.
8. Hast du die Schuhe eingesammelt?
9. Das weiss er nicht.
10. Sie kehrten auf ihr Zimmer zurück.

28. Fussball-Tragödie

I. Vocabulary Exercises

A. Cognates: Give the German cognate with the correct article.

1. half
2. ball
3. field
4. family
5. tragedy

B. Synonyms: Find words of the same or similar meaning in the story.

1. am Sonntag
2. danach fragen
3. sich sorgen
4. sprechen
5. anfangen

II. Structures

A. Complete the following sentences with the suitable preposition.

1. Ich kam um neun Uhr _____ Hause.
2. Mein Vater ist jetzt _____ Hause.
3. Die Schule ist im Juni _____ Ende.
4. Das Spiel war vier _____ null.
5. Er hat dicke Haare _____ dem Kopf.

B. Complete the following sentences with a suitable word from the story.

1. Wir haben unsere Tante eine Woche _____ besucht.
2. _____ (am Freitag) gehen sie immer einkaufen.
3. Sie sprechen von nichts _____.
4. Er _____ den Ball aus dem Feld heraus.
5. Du siehst es _____ meiner Beule.

III. Grammatical Exercises

A. Verbs with **mit, nach, über, um, von, vor:** Complete the sentence with the indicated verb supplying the appropriate pronoun.

1. (sprechen) Die Sekretärin _____ nur immer _____ ihrer Firma.
2. (sich verloben) Hat _____ Paul _____ unserer Nachbarin _____?
3. (sich ärgern) Albert _____ _____ _____ die Beule am Kopf.
4. (beginnen) Das Programm _____ _____ Musik.
5. (fragen) Die Tante _____ _____ seinen Verwandten.
6. (erröten) Der Graf _____ _____ Ärger.
7. (sich kümmern) Mutter _____ _____ _____ den kranken Mann.
8. (sich freuen) Die Sekretärin _____ _____ _____ die grosse Gesellschaft der Firma.
9. (sich erkundigen) Der Gast _____ _____ _____ dem Wetter.
10. (sich beschweren) Die Mutter _____ _____ _____ den schlechten Jungen.

B. Past participle construction: Complete the following sentences with the most suitable past participle.

zurückgekommen   heimgekehrt   angekommen

1. Ins Haus _____, setzte er sich an den Tisch und beendete sein Essen.
2. Im Theater _____, kaufte er zwei Karten.
3. Von Amerika _____, fuhr er an die Nordsee.

29. Der Gast aus Hongkong

I. Vocabulary Exercises

A. Cognates: Give the German cognate and the correct article.

1. machine
2. export
3. production
4. welcome
5. friendly

B. Synonyms: Find words of the same or similar meaning in the story.

1. der Gast
2. die Fahrt
3. die Begrüssung
4. die Gesellschaft
5. die Halle

6. etwas schnell machen
7. bekommen
8. meinen
9. brauchen
10. der Stoff

C. Antonyms: Find words of the opposite meaning in the story.

1. meine Damen
2. der Personenzug
3. der Japaner
4. weinend
5. geschlossen

II. Structures

Complete the following sentences with a suitable word from the story.

1. Alle Mitglieder _____ Vorstands sind im Hotel.
2. Er kam ins Haus _____ mit uns zu sprechen.
3. Der Gast wird in ein _____ Minuten in die Halle kommen.
4. _____ muss getan werden, damit die Kinder Deutsch lernen.

5. _____ Sie die lange Reise gut überstanden?
6. Die neue Firma wird im Juli _____ (opened up).
7. Alle Leute _____ (applauded), als die Musik zu Ende war.
8. Ich komme _____ Hamburg.
9. Sie warteten _____ den Gast.
10. Dieser Auftrag kommt _____ dem Ausland.

III. Grammatical Exercises

A. Indirect discourse: Restate the following sentences in the indirect discourse, beginning each sentence with **Er sagte, dass . . .**

1. Der Chef kauft morgen zwei Maschinen.
2. Alles muss getan werden.
3. Sie haben vier Stunden auf den Zug gewartet.
4. Er ist der Besitzer des Restaurants.
5. Sie haben lange zusammen gegessen und getrunken.
6. Sie will deinen Bruder dort treffen.
7. Er kommt aus Hongkong.
8. Wir kommen von der Nordsee.
9. Sie haben das Beste vom Besten gekauft.
10. Ich bin über diesen Brief erfreut.

B. Restate the following sentences in the indirect discourse, beginning each sentence with **Er sagte, . . .**

1. Es freut ihn, die Mitglieder kennenzulernen.
2. Wir haben ein chinesisches Restaurant.
3. Er ist der Besitzer dieser Fabrik.
4. Die Energiekrise hat uns geschädigt.
5. Er drückt ihr die Hand.
6. Die Kollegen sind sehr freundlich.
7. Sie spricht von nichts anderem.
8. Er ärgert sich über den Besuch.
9. Wir bleiben zu Hause.
10. Die Fussballsaison ist bald zu Ende.

30. Toms Abschied

I. Vocabulary Exercises

A. Cognates: Give the German cognate and the correct article.

1. hand
2. fine
3. to wish
4. to forget
5. to kiss

B. Synonyms: Find words of the same or similar meaning in the story.

1. öffnen
2. der Flughafen
3. die Etage
4. die Feier
5. Auf Wiedersehen

C. Antonyms: Find words of the opposite meaning in the story.

1. geben
2. später
3. der Empfang
4. die Hinreise
5. der Gastgeber

II. Structures

Complete the following sentences with the appropriate preposition.

1. Er hatte es Inge _____ Telefon gesagt.
2. Inge war nicht _____ dem Flugplatz.
3. Er sprach oft _____ Inge.
4. Im Mai fahren die Eltern _____ Deutschland.
5. _____ der letzten Party hatten sie viel Spass.
6. _____ vor einer Stunde war er noch hier.

7. Um acht Uhr kamen wir endlich _____ Müllers an.
8. Die Wohnung ist _____ zweiten Stockwerk.
9. Wir wohnten bis _____ drei Jahren in München.
10. _____ (because of) der kranken Kinder konnten sie nicht in den Urlaub fahren.

III. Grammatical Exercises

A. **Als ob, als wenn** with the subjunctive: Supply the correct form of the indicated verbs.

1. Er lief aus dem Haus, als wenn es _____ (brennen).
2. Es sieht aus, als wenn das Flugzeug nicht richtig landen _____ (werden).
3. Sie sieht aus, als ob sie krank gewesen _____ (sein).
4. Es sieht aus, als wenn wir nichts zu essen _____ (bekommen).
5. Das Kind weinte, als wenn die Mutter nie _____ (zurückkommen).
6. Sie tat, als wenn ich sie drei Jahre nicht gesehen _____ (haben).
7. Er tat, als wenn er mich nicht _____ (kennen).

B. Restate the following sentences with **wenn** or **ob** omitted.

1. Es schien, als ob es regnen würde.
2. Er tat, als wenn er nie in der Schule gewesen wäre.
3. Der Junge ass, als wenn er zwei Tage nichts gegessen hätte.
4. Die Kinder sahen aus, als ob sie müde wären.
5. Es sah aus, als wenn der Regen nie aufhören wurde.
6. Er tat, als wenn er verliebt wäre.
7. Sie tut immer, als wenn sie nichts zum Anziehen hätte.

Master German-English Vocabulary

A

Abfall (m) garbage
abholen to pick up
Abschied (m) departure
   zum Abschied on (their) departure
Abschiedsparty (f) farewell party
Adler (m) eagle
Affe (m) monkey
Ahnung (f) idea
Altstadt (f) old part of city
anlegen to set up
Anruf (m) telephone call
Ansagerin (f) female announcer
sich ärgern to be angry
Armbanduhr (f) wrist watch
Ärmel (m) sleeve
Arrest (m) detention
Artikel (m) article
aufgeregt excited, -ly
aufheben to pick up
aufmerksam attentive, courteous
aufstellen to set up
Auf's Wohl! to the health (a toast)
Ausfahrt (f) exit ramp
Ausgabe (f) expense
Auskunft (f) information
Aussicht (f) view
(im) Ausverkauf (m) (on) sale
Autobahn (f) big highway

B

Bad (n) bathroom
Bank(e)rott (m) bankruptcy
Baum (m) tree
bedeuten to mean
bedienen to attend, to serve
bedürfen to need
Beerdigung (f) funeral
befestigen to attach
Befriedigung (f) satisfaction
begrüssen to greet
behaupten to claim
beissen to bite
bemerken to remark
(sich) benehmen to behave
beschuldigen to accuse

(sich) beschweren to complain
(sich) besinnen to reflect
Besitzer (m) owner
besprechen to discuss
bestätigen to confirm
betrachten to look at
Beule (f) bump
beweisen to prove
Bewunderung (f) admiration
Bierzelt (n) beer tent
bieten to offer
billig inexpensive
blitzen to flash, lightning
Blume (f) flower
Blutdruck (m) blood pressure
blutjung very young
Bockbier (n) bockbeer
brauchen to need
Bühne (f) stage
Bürgersteig (m) sidewalk
Büro (n) office

C

chlorieren to chlorinate

D

Dackel (m) dachshund
damals then
dämmern to get dark
davon from it
Detektiv (m) detective
Dieb (m) thief
draussen outdoors
durchmachen to go through

E

Ecke (f) corner
Eigenschaft (f) quality
eigentlich really
eingiessen to pour in
einsammeln to collect
einschlafen to fall asleep
entfernen to remove
entfernt distant
entlassen to dismiss

Entschluss (m) decision
erbleichen to turn pale
Erdachse (f) axis of the earth
Erdkunde (f) geography
Ereignis (n) event
Erfahrung (f) experience
(sich) erfreuen to enjoy
erhöhen to raise
erklären to explain
(sich) erkundigen to inquire
Erlebnis (n) occurrence
ernennen to name
eröffnen to open
erraten find out by guessing
erröten to blush
erstaunen to be surprised
erwidern to answer
Etage (f) floor
Exportauftrag export order

F

Fabrik (f) factory
falsch wrong
feierlich solemn, solemnly
feiern to celebrate
Fernsehapparat (m) television set
Fischgericht (n) fish course
Flugplatz (m) airport
Flugzeug (n) airplane
flüstern to whisper
(sich) freuen auf to look forward to
fröhlich happy, happily
früher in the old days
Frühschoppen (m) morning pint
füllen to fill
Fürwort (n) pronoun
Fussballsaison (f) soccer season
Fusstapfe (f) footprint
Futter (n) lining

G

gab gave
Gabel (f) fork
gähnen to yawn
Garn (n) thread
Gastarbeiter (m) guest worker
Gastgeberin (f) hostess, lady of the
house
Gastmannschaft (f) guest team

gedenken to remember
gefährlich dangerous
Geldstück (n) coin
Generaldirektor (m) president of a firm
Genie (n) genius
Geschäftsführer (m) manager
Geschenkabteilung (f) gift department
Gesellschaft (f) party
Geständnis (n) admission
Gesundheitsberater (m) health advisor
Getränk (n) beverage
gewöhnt (an) used (to)
Glatzkopf (m) baldhead
glaubhaft credible, believable
Glück (n) good fortune
um Gotteswillen for heaven's sake
Graf (m) count
gratulieren to congratulate
gründlich thorough
Gymnastikprogramm (n) gymnastics
performance

H

Hahn (m) rooster
Halbzeit (f) half time
Hauptpreis (m) main price
Hauseingang (m) house entrance
Haushälterin (f) housekeeper
Haushilfe (f) housemaid
Herzschlag (m) heart attack
um Himmelswillen for heaven's sake
hinterher afterwards
Hinterhof (m) backyard
höchstbestürzt greatly worried,
confounded
höchstwichtig very important
hochvornehm very refined
Hochzeitsfest (f) wedding feast
Hochzeitstag (m) wedding anniversary,
wedding day
hör' auf stop it
Hornbrille (f) horn-rimmed spectacles
Horoskop (n) horoscope
Huhn (n) chicken
husten to cough

I

Ignorieren to ignore
Interesse haben an to be interested in

176

inzwischen   meanwhile
(sich) irren   to make a mistake
Irrtum (n)   error

J

jedermann   everybody

K

Kaffeeklatsch (m)   gossip over a cup of
   coffee
Kalbfleisch (n)   veal
Kapital (n)   principal
Kaufhaus (n)   department store
kaum   hardly
Kegeln (n)   bowling
Kerl (m)   fellow
kindisch   childlike
Kino (n)   movie theater
klatschen   to applaud
Kleidungsstück (n)   item of
   clothing
Kneipe (f)   tavern
knipsen   to shoot a picture
Knopf (m)   knob, button
Kranz (m)   wreath
kreuzen   to cross
Kündigung (f)   notice of withdrawal
Kürze (f)   shortness
kurzsichtig   shortsighted

L

Lage (f)   location
Landkarte (f)   map
Landkreis (m)   county
Landmasse (f)   mass of land
Landverbindung (f)   connection by land
Lärm (m)   noise
Lederhose (f)   leather pants
Ledersessel (m)   leather easy chair
legen   to put, to lay down
leider   unfortunately
Leute (pl)   people
Liebling (m)   darling
Liederklub (m)   singing club
logisch   logical
Luftballon (m)   balloon
Lümmel (m)   rascal

M

Mass (n)   stein
Mauer (f)   wall
Medizinstudium (n)   study of medicine
mehr als   more than
Menschenmenge (f)   crowd
Missverständnis (n)   misunderstanding
mitleidig   compassionate,
   compassionately
Möbelgeschäft (n)   furniture store
möblieren   to furnish
Mode (f)   fashion
Modegeschäft (n)   fashion store
Moselwein (m)   wine from the Moselle
Motorrad (n)   motorbike
Mücke (f)   mosquito
müde   tired
Musterhaus (n)   model home

N

Nachrichten (pl)   news
(sich) nähern   to approach
nass   wet
Neffe (m)   nephew
nett   nice
Nordsee (f)   part of the Atlantic Ocean
nützlich   useful

O

Ober (m)   waiter
Oktoberfest (n)   October festival

P

passen   to match
passieren   to happen
Pelzkappe (f)   fur cap
pensionieren   to retire
Pferd (n)   horse
Pferdekutsche (f)   horse drawn carriage
Praxis (f)   practice
Prost   cheers
Prozent (n)   percent
Psychiater (m)   psychiatrist
Publikum (n)   audience
Pult (n)   lectern
putzen   to clean

R

Rand (m)   edge
Rastplatz (m)   rest site
Raumforschung (f)   space research
Regenmantel (m)   raincoat
regelmässig   regular, regularly
reich   rich
reichen   to hand over
reinigen   to clean
resigniert   resigned
Rettung (f)   salvation
richtig   right
Richtung (f)   direction
Riesenrad (n)   ferris wheel
Riss (m)   tear
Römerberg   name of a hill
Rückreise (f)   return trip
Rucksack (m)   knapsack
rühren   to stir, move

S

Sandfeld (n)   sand field
sanft   soft, softly
schäbig   shabby
schädigen   to harm
schädlich   harmful
(sich) schämen   to be ashamed
schattig   shadowy
Schatz (m)   treasure
schauen   to look
Schaufel (f)   shovel
Schaufenster (n)   display window
schicken   to send
Schicksal (n)   destiny
Schild (n)   sign
Schirm (m)   umbrella
schlimm   bad
schluchzen   to sob
Schluck (m)   sip
Schnaps (m)   brandy
Schnittmuster (n)   pattern
schrecklich   terrible, terribly
schüchtern   shy, shyly
Schwamm (m)   sponge
schwärmen (für)   to be enthusiastic
  (about)
schwerer   more difficult, heavier
schwindelig   dizzy
schwindeln   to lie

See (m)   lake
Seidenkleid (n)   silk dress
Sekretärin (f)   secretary
(sich) senken   to go down, to sink
servieren   to serve
seufzen   to sob
Sieger (m)   winner
Silberfuchs (m)   silver fox
Skat (m)   German card game
sobald   as soon as
sonderbar   strange
sonst nichts   nothing else
sorgen (für)   to take care (of)
Spannung (f)   excitement, expectancy
Sparkasse (f)   savings bank
Sparkonto (n)   savings account
Sparsamkeit (f)   thriftiness
Speck (m)   bacon
Speisekarte (f)   menu
spritzen   to wash down, spray
stammen (aus)   to hail (from)
Stammtisch (m)   table reserved for
  regular patrons
stattfinden   to take place
steinreich   extremely rich
Stimmung (f)   mood
Stockwerk (n)   floor
stöhnen   to moan
stolz   proud, proudly
Strafe (f)   penalty
Strassenbahn (f)   streetcar
Strassencafé (n)   sidewalk café
Strauss (m)   bouquet
Suche (f)   search

T

Tankstelle (f)   filling station
Telefonapparat (m)   telephone
Telefonbuch (n)   telephone directory
Teppich (m)   carpet
Textilfabrik (f)   textile factory
tief   deep
Tischnachbarin (f)   neighbor at the
  table
Tor (n)   goal (in ball games)
Tragödie (f)   tragedy
Träne (f)   tear
trauen   to trust
treiben   to practice
trocknen   to dry

Trost (m)   consolation
tschüss (slang)   bye
türkisch   Turkish
Turm (m)   tower

U

übel   sick
überall   all over
überglücklich   more than happy
überlegen   to ponder
Überraschung (f)   surprise
überstehen   to endure
unbegabt   untalented
unbesorgt   not worried
Unfall (m)   accident
Unsinn (m)   nonsense
unterbrechen   to interrupt
untersuchen   to examine
Untersuchung (f)   examination
unzufrieden   dissatisfied
Urlaub (m)   vacation

V

(sich) verabreden   to agree to meet
verbringen   to spend
verdienen   to deserve
Vergangenheit (f)   past times
Vergnügen (n)   pleasure
verhungern   to starve
verlaufen   to run
sich verloben   to get engaged
verrückt   crazy
verschaffen   to provide with
verschwenden   to waste
versichern   to assure, to insure
versprechen   to promise
Vertrag (m)   contract
Vertreter (m)   salesman
Verwechslung (f)   mix-up
verzeihen   to forgive
Vierteljahr (n)   quarter year

Vorfahre (m)   ancestor
vorgehen   to be fast (clock)
Vorstand (m)   board of directors
vorstellen   to set ahead (clock)

W

Wachhund (m)   watchdog
Waschraum (m)   washroom
Wasserschlauch (m)   hose
Wassertümpel (m)   puddle
Wecker (m)   alarm clock
Weisswurst (f)   Bavarian calf sausage
Weltkarte (f)   world map
Werkskantine (f)   company's lunch
room
weshalb   why
wiederholen   to repeat
wischen   to wipe
Wissenschaftler (m)   scientist
Wohlfahrtsamt (n)   welfare office
Wörterbuch (n)   dictionary
(sich) wundern   to be surprised
Wurf (m)   throw

Z

Zehn-Mark-Schein (m)   ten mark bill
Zeiger (m)   hand (of a clock)
Zeigestock (m)   pointer
Zelt (n)   tent
Zementhaufen (m)   pile of cement
zementieren   to cement
Zementmixer (m)   concrete mixer
zerstreut   absent minded
Zettel (m)   piece of paper
ziemlich   rather
Zinsen (pl)   interest
zornig   angry
zuckersüss   sweet like sugar
Zuschauerreihe (f)   spectators row
Zwilling (m)   Gemini, twin

179

NTC GERMAN MATERIALS

Computer Software
Basic Vocabulary Builder on Computer

Graded Readers and Audiocassettes
Lustige Dialoge, *Walbruck*
Lustige Geschichten, *Walbruck & Henschel*
Spannende Geschichten, *Walbruck*

Graded Workbooks
Aufsätze mit Bildern
German Verb Drills
Jetzt schreiben wir, *E. Hugo*
Wir können doch schreiben, *E. Hugo*

Text and Audiocassette Package
Just Listen 'n Learn German

Cross-Cultural Awareness
Im Brennpunkt: Deutschland
Briefe aus Deutschland, *R. Leyding*
The Magazine (duplicating masters),
  A. Culver
Unterredungen aus Deutschland,
  G. Dekovic; ed., M. Lazar
Kulturelle Begegnungen, *R. Shirer*
Briefe über den Ozean, *H. Walbruck*
Amerikaner aus Deutschland, *Walbruck*
Everyday Conversations in German,
  G. Cumming
Let's Learn about Germany

Jochen und seine Bande Series
Abenteuer in Hinterwalden
Mit Thespis zum Süden

Comic Mysteries, *H. Wolff*
Die Jagd nach dem Familienerbe
Das Geheimnis im Elbtunnel
Hoch in den Alpen
Innsbrucker Skiabenteuer

Plays and Comedies
Zwei Komödien, *G. A. von Ihering*
Ein Hotel namens Europa,
  G. A. von Ihering
Gehen wir zum Theater!, *E. Konig*

Wir sprechen Deutsch Series, *H. Walbruck*
Deutschland — einmal anders
Deutschland — einst und jetzt
Ich bin ein Berliner
Ich bin ein Hamburger
München — heimliche Hauptstadt
Deutsche Volksfeste
Besuch im Schweizer Mittelwesten

Legends and Fairy Tales
Von Helden und Schelmen
  aus deutschen Sagen, *K. Reiter*
Von Weisen und Narren
  aus deutschen Märchen, *K. Reiter*
Das Max und Moritz Buch, *W. Meier*

Duplicating Masters
Lotto: German Vocabulary Bingo, *J. Olsen*
Lotto: German Verb Bingo, *J. Olsen*
Das Kreuzworträtselbuch, *S. Ehrlich*
Das Rätselheft, *S. Ehrlich*
The Magazine, *A. Culver*
The Vocabulary Builder, *D. Liebowitz*

Grammar References
Guide To German Idioms
German Verbs and Essentials
  of Grammar
Nice 'n Easy German Grammar
German Verbs and Essentials of Grammar

Bilingual Dictionaries
Klett's Modern German/English Dictionary
Klett's Super-Mini German/English Dictionary
The New Schöffler-Weis: German/English
  Dictionary
Harrap's Concise German and English Dictionary
German Picture Dictionary

For further information or a current catalog, write:
National Textbook Company
4255 West Touhy Avenue
Lincolnwood, Illinois 60646-1975 U.S.A.